Eduardo Ferreira-Santos

Ciúme
o medo da perda

© *Copyright*, 2003, Eduardo Ferreira-Santos
© *Copyright*, *2006*, Editora Claridade
2011 – 3ª Edição. Em conformidade com a Nova Ortografia.

Todos os direitos reservados.
Editora Claridade Ltda.
Av. Dom Pedro I, 840
01552-000 – São Paulo – SP
Fone/fax: (11) 2168-9961
E-mail: claridade@claridade.com.br
Site: www.claridade.com.br

Coordenação: Marco Haurélio
Revisão: Beatriz Simões e Juliana Messias
Capa: Antonio Kehl sobre foto de João Kehl
Editoração eletrônica: Eduardo Seiji Seki

Dados para catalogação

Ferreira-Santos, Eduardo
    Ciúme – o medo da perda. – São Paulo, Editora Claridade, 2011.
    256 pp.

ISBN: 978-85-88386-64-8

1. Psicologia 2. Comportamento I. Título II. Autor

CDD: 157

*À Cynthia, ao Guilherme e à Flavinha,
minha família tão querida,
porque conseguimos superar (quase)
todas as situações de ciúme familiar.*

Agradecimentos

Aos meus clientes, que, por meio de suas confidências, me deixam penetrar em suas vidas e me levam a conhecer todo o maravilhoso universo da natureza humana.

Ao pessoal da coordenação do AR, especialmente à Heloisa Junqueira Fleury, que deu o primeiro passo na execução deste livro e me passou a bola com afeto.

Ao Nelson dos Reis, meu editor, que com a paciência de um verdadeiro mestre soube encaminhar, com carinho e zelo, este trabalho em todos os momentos.

Ao Roberto (Duda) Bezerra de Albuquerque, que com dedicação e proximidade acompanhou a produção desta obra.

À Cynthia, ao Guilherme e à Flavia, a quem, além de dedicar este livro, quero agradecer as inúmeras horas que souberam esperar pela minha companhia e não sentiram nem um pouco de ciúme do computador.

À memória de minha mãe, que, esteja ela no céu, seja lá onde ele for, certamente estará ainda sentindo ciúme de nós.

Sumário

INTRODUÇÃO.. 7

PARTE I — O DEMÔNIO DO CIÚME............................ 17
1. O que é o ciúme?... 18
2. A tradição e os mitos do ciúme........................... 33
3. O ciúme através dos tempos.............................. 43
4. A visão psicológica do ciúme............................. 52
5. O ciúme no homem e na mulher.......................... 71

PARTE II — O INFERNO DO CIUMENTO....................... 77
6. O ciúme doentio.. 78
7. O ciúme como sintoma de uma doença................... 82
8. Do sonho ao pesadelo: a evolução do ciúme
   na crise... 86
9. O ciúme destruidor....................................... 92

PARTE III — OS GIGANTES DA ALMA......................... 97
10. A parte viva do ser: os sentimentos..................... 98
11. A visão biológica do sentir.............................. 105
12. Os sentimentos essenciais............................... 112
13. O grande segredo de ser: a empatia..................... 129
14. O conceito de posse..................................... 133
15. "Perdoa-me por me traíres": a fidelidade............... 143

PARTE IV — A BRUXA DA AUTOESTIMA...................... 153
16. O que é personalidade?.................................. 154
17. Ser reconhecido é preciso............................... 160
18. A compulsão à liberdade................................ 176

PARTE V — AS MÁSCARAS DO AMOR 183
19. É possível definir o amor? 184
20. Atributos do amor 188
21. O lado escuro do amor 192
22. Os irmãos gêmeos: amor e ódio 198

PARTE VI — VENCENDO O CIÚME 201
23. Olhar no espelho e se ver (de verdade!) 202
24. Reavaliando toda uma relação 210
25. Reavaliando todas as relações 218
26. Recomendações úteis 230
27. Considerações finais 234

BIBLIOGRAFIA 237

ANEXO — TESTE:
"VOCÊ É CIUMENTO(A)? DE QUE TIPO?" 241

Introdução

Talvez... Quem sabe?
E sofro. E, abatida e descrente,
entrando em tua alma pelo teu olhar,
começo a procurar desesperadamente
uma coisa qualquer que não quero encontrar.

Guilherme de Almeida

Quando certa vez fui convidado para coordenar um evento público no AR,[1] fiquei longos dias quebrando a cabeça de tanto pensar sobre o tema a mim destinado: o ciúme.

Como eu poderia abordar este sentimento tão amplo, complexo e devorador, que permeia nossa vivência, comprometendo vários outros sentimentos, além de nos fazer sentir ridículos ou deploráveis aos olhos dos outros, e desvalorizados e minorizados perante nós mesmos?

Falaria do meu próprio ciúme?

Contaria aquelas longas e secretas histórias ouvidas no consultório de psicoterapia?

Criaria uma cena psicodramática e deixaria expostas as vísceras do sofrimento humano que se retorcem de ciúme?

Como eu poderia, em pouco tempo, demonstrar as conexões psicológicas adjacentes ao ciúme, falando dos sentimentos mais basais que dão substrato a ele, como o

---

[1] O AR (Área de Relação) foi um Centro de Estudos de Psicologia que, durante anos, promoveu encontros abertos ao público em geral — chamados de "Intervalo no Cotidiano" —, nos quais, sob a coordenação de um profissional da área, as pessoas encontravam um espaço para falar, ouvir e vivenciar temas ligados ao cotidiano.

amor, o ódio, a posse, a inveja, além de mergulhar nas raízes de personalidade, entre as quais a baixa autoestima, a insegurança e os complexos mecanismos psíquicos que canalizam tanta energia para este sentimento?

Enfim, como abordar o tema que se apresenta desde um simples sentimento despertado em uma situação especial, sem maiores consequências, até a sua forma mais cruel e violenta, cuja expressão pode assumir características homicidas e/ou suicidas?

Não! Isso não é assunto para uma simples palestra, pensei! Há tanta coisa envolvida, tantos conceitos e entrelaçamentos de sentimentos, funções psíquicas, mecanismos de defesa do *ego,* traços de personalidade, que é preciso não uma palestra, mas um curso! Ou um livro!

Minha angústia durou os seis meses que antecederam ao evento e, apenas no próprio dia, já com o público presente, resolvi que principalmente deixaria que eles falassem um pouco de seus ciúmes, de seus sofrimentos por perda e frustrações, de suas invejas disfarçadas, de seus medos, enfim, de si mesmos.

Comecei o evento comentando sobre a dificuldade que todos nós temos de mergulhar no desconhecido de nossas mentes, pois isso gera medo do que podemos encontrar lá, uma vez que escondemos de nós mesmos, muitas vezes, os reais motivos que conduzem nossas vidas; é quase uma tendência universal simplesmente preferir acreditar no aparente palpável, ainda que falso, do que procurar pelo insuportável escondido, ainda que verdadeiro.

Para ilustrar essa tendência, apresentei-lhes uma história supostamente indiana que um amigo me contou há muitos anos, sobre uma velha senhora que, numa tarde ensolarada, estava sentada à frente de sua casa, procurando insistentemente com o olhar alguma coisa em seu grande jardim. Um jovem, ao vê-la nessa situação, perguntou-lhe em que podia ajudá-la e ela lhe respondeu que estava procurando uma agulha que havia perdido. Prontamente o rapaz se pôs a vasculhar todo o jardim e, após um longo tempo, já cansado, perguntou à mulher se ela tinha, pelo menos, uma vaga ideia de qual canto do jardim ela havia perdido a agulha. Com um tom de voz até displicente, ela respondeu que havia perdido a agulha dentro da casa. Perplexo e já raivoso, o rapaz a inquiriu:

— Mas, então, por que a senhora não está procurando lá dentro?

Com um olhar bastante simplório, ela respondeu:
— É que lá dentro está muito escuro!

Seguiu-se um natural e infindável momento do mais absoluto silêncio (na verdade, nada além de 1 minuto), até que uma moça, que se apresentou como Suzana, 25 anos, solteira e publicitária, começou a relatar sua própria vivência. Desde criança, ela se percebia como sendo muito ciumenta. Tinha ciúme de seus brinquedos, de suas bonecas, de seus pais, de seu cachorrinho de estimação...

Contou ela que, certa feita, na escola primária, passou por uma situação que nunca mais conseguira esquecer, na qual um menino de sua classe preferira namorar outra garota, amiga dela, mesmo sabendo, por meio de outras amiguinhas, do interesse de Suzana por ele. A escolha da amiga foi de uma violência brutal para o seu frágil *ego* infantil. Sentiu-se humilhada, excluída, desprezada. O fato, lembrado agora, anos mais tarde, parece não ser tão importante assim, mas naquela época Suzana sofrera muito.

Na verdade, segundo ela, o que a marcou profundamente foi a algazarra que toda a sua classe fez por causa de seu fracasso... Ela se lembra, com uma dor muito forte, das gargalhadas e pilhérias que todos lhe dirigiram. Disse que, a partir daquele momento, parecia que sua vida havia mudado. Foi como se o mundo desabasse sobre sua cabeça e ela se visse mergulhada na mais profunda solidão.

Tornou-se, então, uma menina tímida e introvertida, cada vez mais apegada às suas coisas, aos seus sonhos e fantasias, passando também a esconder seus sentimentos dos outros e, finalmente, até de si mesma.

À medida que falava naquela sala lotada, todos os outros presentes pareciam eletrizados por sua narrativa.

Por fim, quando Suzana libertou um choro muito antigo, guardado a sete chaves, como todas as suas coisas, outras pessoas na sala também puderam soltar suas emoções.

E muitas também choraram... e falaram de si mesmas... e se emocionaram... e puderam reconhecer sentimentos e emoções que se confundiam em seus corações e mentes! Identificaram-se entre si nas mais variadas formas de sentir este tão amargo, doído, sofrido e, muitas vezes, inconfessável sentimento de ciúme!

Alguns falaram até da inveja (irmã gêmea do ciúme) que sentiam naquele momento pela Suzana, por sua coragem em se desnudar na frente de tanta gente.

Todos puderam perceber o quanto são vítimas e/ou provocadores inconscientes, ou mesmo conscientes, desse sentimento nas outras pessoas.

Tiveram, enfim, um verdadeiro "intervalo em seu cotidiano", que, de tão corrido e avassalador, não nos permite parar um pouco e refletir sobre nossas próprias sensações, sentimentos e emoções, fazendo com que estes fiquem escondidos no inconsciente, longe do controle sobre eles.

Sim, porque tudo o que deixamos escondido em nosso inconsciente funciona como a sujeira que jogamos debaixo do tapete; parece que está limpo, mas, na verdade, a sujeira está lá, criando bichos e incomodando quando pisamos nela, e se acumulando, até o dia em que contamina todo o ambiente.

Saí dessa vivência aliviado e feliz por ter estado em contato tão íntimo com um tema que invade nossa vida de uma forma sorrateira e destruidora, muitas vezes corroendo nossa alma de um modo silencioso, mas extremamente avassalador. Digo isso porque, quando o ciúme aparece, seja como uma reação normal (ainda que muitas vezes não compreendida) a alguma ameaça a um relacionamento afetivo, seja como sequela de uma situação em que a pessoa realmente descobriu que foi traída, ou, então, como um verdadeiro sintoma de uma desordem psíquica mais complexa, de qualquer forma, ele sempre traz desconforto e sofrimento.

Em princípio, pode-se considerar o ciúme como normal. Assim como é normal sentir medo, inveja, luto, alegria, raiva, saudade. Mas, mesmo sendo absolutamente normal ter um sentimento, sempre há algumas coisas importantes a considerar: sua origem, intensidade, duração, a forma como a pessoa que o sente reage, a importância que ele assume no seu cotidiano, como ele interfere na vida de quem convive com a pessoa.

Para alguns, o ciúme surge de forma esporádica, como um sentimento natural diante de um determinado acontecimento; mesmo assim, as marcas da dor ficam a latejar no coração, e isso pode provocar reações muitas vezes inesperadas para o próprio "enciumado".

Para outros, ele é uma constante na vida, aparecendo com uma frequência considerável, a ponto de a própria pessoa reconhecer-se como alguém "ciumento". Em condições razoavelmente normais, esse sentimento, embora frequente, não toma um espaço maior do que qualquer outra característica dessa pessoa, como por exemplo ser organizada, criativa, preguiçosa, supersticiosa ou amorosa.

Há ainda aqueles poucos para os quais, no entanto, esse sentimento assume um volume monstruoso, desfigurando sua vida de tal forma que não há mais sossego possível. São os casos em que o ciúme se torna patológico, doentio, tornando-se uma obsessão descontrolada e descontroladora.

De qualquer forma, entretanto, seja uma reação normal (com variáveis graus de intensidade), seja um traço de personalidade ou uma doença, o ciúme tem sempre algo de cruel não só para quem o sente, mas também para a pessoa sobre a qual é dirigido. Não é uma emoção clara e absolutamente distinguível, inequívoca, compreensível, muito menos razoável.

Para quem o sente, o ciúme traz consigo uma série de sentimentos negativos e torturantes, como o medo da perda de alguém, a inveja da maior liberdade e autodeterminação que se imagina que o parceiro tenha, a inferioridade perante o rival, o qual se costuma minimizar com adjetivos pouco elogiosos, mas que inconscientemente se imagina supervalorizado, as dúvidas sobre si mesmo, e os sentimentos de impotência, dependência, baixa autoestima, depressão e desespero.

Do outro lado da moeda está o "ciumado", o objeto deste sentimento, para o qual o clima permanente de suspeita e os consequentes e infindáveis interrogatórios são também torturantes, pois nada se pode fazer para provar o que não existe. Na aflição das longas inquisições, muitos são inclinados a "confessar" algo, apenas para acalmar a suspeita. Ledo e crasso engano! Aí é que as coisas se complicam ainda mais e tornam a ferida mais sangrenta. Aparentemente, não há saída!

Em geral, para os ciumentos confessos ou dissimulados o ciúme até que tem um lado bom; mas, na verdade, o ciúme pode trazer, sim, para quem tem um certo grau de consciência sobre sua própria vida, um novo estímulo para se cuidar, se arrumar, dar-se um alerta geral, avisando que algo não anda tão bem assim como se imaginava. Ele pode, de fato, mostrar aos parceiros seus verdadeiros valores e a importância que cada um tem na vida do outro. Na instalação do ciúme entre um casal, antes que as coisas se compliquem, é tempo de se rever as regras da relação, o compromisso assumido, a insatisfação de um ou de ambos, enfim, dar uma repensada geral no relacionamento.

Leila, uma jovem estudante de Psicologia, me alertou certa vez sobre esse lado do ciúme: "se eu me percebo sentindo ciúme, é porque devo estar fazendo, ou pior, deixando de fazer algo em relação a mim mesma. Talvez me arrumar mais, me tornar mais presente, 'desencanar' de alguma coisa, sei lá... ou, quem sabe, prestar mais atenção no que anda acontecendo na minha vida em geral e no meu relacionamento em particular".

Embora seja ruim sentir ciúme (como qualquer outra dor), isso traz um ganho para quem sabe interpretar suas emoções e agir com adequação e presteza na solução de possíveis obstáculos. Há quem pense, ainda, que o ciúme é apenas uma manifestação de zelo, de preservação, particularmente em relação a objetos, fazendo com que, assim, se aproveite melhor aquilo que se possui.

Quer queira ou não, o ciúme é marcado pela dor, que é ainda mais insuportável quanto mais se perde o controle sobre ele (e este "controle" pode valer tanto para o sentimento quanto para o "objeto/pessoa" de quem se tem ciúme, o "ciumado").

Quando esse sentimento extrapola o limite do razoável, então, o sofrimento pode atingir níveis insuportáveis, como em Maria Emília, uma paciente minha que, há anos, vem sofrendo de um ciúme doentio pelo marido.

Fui procurado por ela pouco tempo depois do início de uma violenta crise nervosa, que a deixou prostrada na cama por quase um mês. E, segundo ela, "tudo por causa deste maldito ciúme".

Maria Emília, mulher bonita e atraente, na casa dos 40 anos, vivia atormentada pela ideia fixa, surgida ainda no período de namoro com o futuro marido, há mais de 15 anos, de que ele teria outra mulher, ainda que fosse um envolvimento apenas casual, sem nenhuma ameaça real ao seu casamento.

Mas tudo era ameaça... Se ele olhava demais para uma mulher na televisão, ela sofria; se ele parecesse perdido em seus próprios pensamentos, ela acreditava que ele podia estar pensando na outra, e sofria; se ele olhasse, distraída ou propositadamente, para alguma moça, bonita ou não, em um *shopping,* ela sofria...

À noite, Maria Emília revistava sua pasta e bolsos à procura de alguma pista que pudesse confirmar suas terríveis suspeitas. Durante o dia, principalmente nos fins de semana, não se cansava de apertar a tecla *redial* sempre que seu marido fazia uma ligação telefônica. Ter extensão de telefone, então, era atormentador; uma "força maior" parecia empurrá-la para ouvir qualquer conversa que ele tivesse ao telefone.

Já nem percebia direito o que ocorria à sua volta, pois seu olhar estava sempre dirigido para o que ele estivesse olhando. O seu sofrimento era nítido e imenso, e o clima, sempre tenso e tumultuado, acabava por provocar violentas reações emocionais do marido, o que, por sua vez, aumentava as desconfianças dela e fechava o círculo vicioso. Era um verdadeiro inferno!

Com tudo isso, ficava mais do que evidente a morbidez do ciúme de Maria Emília. Sim, era o que se pode chamar de um ciúme doentio, patológico.

Mas qual é a causa de tudo isso? Por que tamanho sofrimento? O que se esconde por trás desse tormento?

Para poder entender o que realmente acontecia com Maria Emília, e com qualquer um de nós, em nossos sentimentos incontroláveis, é preciso vasculhar toda a história anterior de nossa vida, em uma verdadeira obra de garimpo, ou mesmo de arqueologia, à procura de detalhes do passado que ficaram gravados em nossa memória inconsciente e que hoje, de uma forma distorcida ou não, se apresentam como escorpiões, liberados das profundezas da escuridão, a injetar seu poderoso veneno em nosso organismo. É preciso também compreender como funciona esse mecanismo quase secreto da nossa mente. Mergulhar com firmeza e incisividade em um mundo que, mesmo estando dentro de cada um de nós, parece estar a milhas de distância, a anos-luz de nossa compreensão. Um mundo em que as coisas não são sempre como se parecem, mas muitas vezes se apresentam de forma exatamente invertida em relação à verdade, como no caso da suposta e invejada "coragem" de Suzana, que, ao se abrir perante um grupo de pessoas desconhecidas, na verdade revelou um medo tão intenso, tão sufocador, que não foi possível contê-lo, e ele explodiu quase sem direção nenhuma.

Nessa viagem dentro de nós mesmos, vamos nos deparar com monstros, fantasmas, mocinhos e bandidos, fadas e bruxas, príncipes e sapos, gatos e lagartos, lembranças reais e falsificadas, verdades e mentiras, sonhos e pesadelos, enfim, uma gama de personagens que dão o colorido da existência humana, mesmo que, para alguns, ela pareça tão sombria!

O ciúme, demônio monstruoso que nos devora a alma, será o nosso guia neste universo fabuloso que é a mente humana. Ele, com suas múltiplas ramificações por quase a totalidade de nosso psiquismo, revelará nossas fraquezas e virtudes, nossos êxitos e fracassos, nossa vida interior.

Neste momento, eu os convido a fazer esta viagem comigo. Vamos viajar pelas mentes das Suzanas e das Marias Emílias. Vamos nos aprofundar na natureza humana, reconhecendo o ciúme em seus variados graus de intensidade e significância; tentar entender, conviver ou mesmo vencer este confuso sentimento, provocador de reações irracionais e violentas em quem o sente ou por quem ele é sentido, seja no plano físico ou psicológico.

Enfim, vamos passear por este universo fantástico de cada um de nós, ciumentos ou não, percorrendo o labirinto da nossa mente, decifrando cada enigma que nossa própria história nos colocou, enfrentando os gigantes da alma que nos dão vida e qualidade humana, lutando contra as resistências que nos impedem de prosseguir adiante, vasculhando cantos e recantos mentais, pequenos espaços infinitos preenchidos apenas por lembranças...

Parte I

O demônio do ciúme

Como ciumento sofro quatro vezes: porque sou ciumento, porque me reprovo de sê-lo, porque temo que meu ciúme machuque o outro, porque me deixo dominar por uma banalidade: sofro por ser excluído, por ser agressivo, por ser louco e por ser comum.

Roland Barthes
(em Fragmentos de um discurso amoroso)

1
O que é o ciúme?

O ciumento acaba sempre encontrando mais do que procura.

Mademoiselle Scudéry

Para não fugir do habitual, nada melhor do que começar pela definição de *ciúme:*

> **AURÉLIO ELETRÔNICO**
> Verbete: *ciúme*
> S. *m.*
> 1. Sentimento doloroso que as exigências de um amor inquieto, o desejo de posse da pessoa amada, a suspeita ou a certeza de sua infidelidade, fazem nascer em alguém; *zelos.* [Nesta acepç. é masculino usado no plural.]
> 2. Emulação, competição, rivalidade.
> 3. Despeito invejoso; inveja.
> 4. Receio de perder alguma coisa; cuidado, zelo.

Etimologicamente, a palavra *ciúme,* que, segundo o Aurélio, tem *zelos* (obrigatoriamente no plural) como sinônimo, é originária, segundo o professor José Luiz Fiorin, do Departamento de Linguística da FFLCH da USP, da evolução fonética do latim vulgar *zelúmen,* o qual, por sua vez, veio do grego *zelosus,* que também deu origem aos *jealous* ("ciumento") e *jealousy* ("ciúme"), em inglês, e, com os mesmos sentidos, *jaloux* e *jalousie,* em francês. Essa mesma origem é encontrada no italiano *geloso* e no espanhol *celoso*.

Zelo (no singular) é também apresentado como outro significado para *ciúme*, aí com o sentido de cuidar, tomar conta para que não se perca (ou seja roubado) algo ou alguém por quem se tem apreço, amor. Nesse mesmo sentido, em inglês existe o termo *zeal,* que, embora possa ser empregado como sinônimo de *jealousy,* não tem a mesma conotação. É óbvio que "zeloso", "zelante" ou "zelador" não é a mesma coisa que "ciumento" ou "ciumoso". O que conta é a ideia de propriedade agregada à de afeição, que entram como a conceituação primeira do ciúme. O medo, a ansiedade e a angústia, que já se prenunciam como sentimentos básicos, darão o tom de aflição e sofrimento que acompanham o sentir ciúme.

Como nas definições do Aurélio, porém de uma forma mais dramática, alguns dicionários de inglês também trazem para o ciúme uma lista de sinônimos que inclui cobiça, inveja, ressentimento, rivalidade, desconfiança, paranoia, suspeita, vigilância, cautela, prudência, defensiva. E, como seus antônimos, são apresentados, por exemplo, abnegação e confiança.

Por outro lado, em alemão, a palavra *Eifersucht* ("ciúme") indica uma relação com o fogo, com o queimar. *Eifer* remonta à raiz indogermânica *ai* = arder, e *sucht* é uma palavra antiga para doença, vício. Portanto, no sentido literal, a palavra *Eifersucht* significa "doença (ou vício) que arde". De fato, estas definições não são nada agradáveis.

Muitos de nós não conseguem imaginar o ciúme não associado ao amor. À primeira vista, parece mesmo que sentir ciúme é uma contingência quase que obrigatória do sentir amor. Para vários casais, mede-se a quantidade de amor pela quantidade de manifestações ciumentas. Para outros, ainda, despertar ciúme no companheiro é uma forma de alertá-lo para a possibilidade da perda e "deixá-lo mais esperto!".

Mas será mesmo assim? A bem da verdade, todos nós sentimos, não raramente, alguma forma de ciúme por algo ou alguém nas diversas fases de desenvolvimento da nossa vida e nos diversos tipos de relacionamentos pelos quais passamos.

Alguns estudiosos da mente humana consideram que este sentimento — se é que podemos chamá-lo simplesmente de um "sentimento" — é universal e inato, proveniente do desejo de exclusividade no amor de determinada pessoa. Eles chegam a compará-lo a algo assim como ter cor nos olhos ou conseguir falar! Isso abre uma longa discussão acerca da determinação biológica de nossos sentimentos, manifestados por meio de uma série de complicadas reações químicas, definidas geneticamente, as quais teremos oportunidade de discutir mais em outra oportunidade.

Outros acreditam que sua origem seja psicocultural, isto é, a reação ciumenta surge em decorrência de algum outro fator maior, que coloca em risco nossa segurança afetiva, pois nós depositamos nas coisas e nas pessoas um valor de propriedade que representa nada mais nada menos que nós mesmos.

Por outro lado, seguindo a multiplicidade de formas de apresentação do ciúme, podemos ver as situações mais paradoxais possíveis, representadas em músicas, filmes, peças de teatro, novelas de televisão, em que a relação de fidelidade não obedece a padrões rígidos previamente estabelecidos.

Assim é o sentimento do ciúme: caprichoso, imperativo, sempre doloroso, polimorfo em um mesmo indivíduo, em situações idênticas, em pessoas diferentes. Embora seja mesmo natural, como saudade, raiva, vergonha, alegria, por exemplo, ele tem particularidades que muitas vezes nos deixam atônitos e confusos. É, sem dúvida, um sentimento desagradável, e são poucas as pessoas que dizem gostar de senti-lo e, mesmo assim, em muitas dessas pessoas, dizer isso é apenas uma manifestação racionalizada na tentativa de consolar-se, como uma criança que, logo depois de "fazer uma arte" e se machucar, diz: "Não doeu!"

O ciúme é pleno de contradições. Em um extremo, ele personifica a aspiração de um ideal nas relações humanas e o grito de protesto pela perda desse sonho de manutenção do compromisso e da fidelidade. No outro extremo, ele tem sido sempre contaminado pela tentativa de imposição dos desejos e das prioridades de uma pessoa sobre os de outra. Ao representar o símbolo da individualidade, ele se define como a negação da alteridade, do reconhecimento da liberdade do outro.

Nestas amplas e profundas contradições, há até aqueles que admitem se utilizar do ciúme como um elemento de chantagem amorosa, acreditando que provocar ciúme em alguém pode despertá-lo para a própria relação, pelo medo de perdê-la. Essa situação aparece, por exemplo, na valsa clássica de Lamartine Babo (em parceria com Francisco Matoso), "Eu sonhei que tu estavas tão linda". Nos anos 40, a voz de Francisco Alves fazia corações suspirarem ao se ouvir:

> Pra despertar teu ciúme
> tentei flertar alguém.
> Mas tu não flertaste ninguém...

Wânia, empresária, 35 anos, casada há 15, passou todo esse tempo reclamando de seu marido, insatisfeitíssima com a escolha que fizera. Desde a lua de mel, ela percebera que Flávio não era o homem com quem sonhara. Ele não possuía os traços desenhados na fantasia da

adolescência, aquele príncipe encantado que a cercaria de cuidados e mesuras e que a faria a mulher mais feliz de todos os tempos e todas as terras.
Trabalhador incansável, ele era apenas um homem comum. De fato, deixou a vida conjugal um pouco de lado, dedicando boa parte de seu tempo e de sua energia ao progresso profissional. Para ele, Wânia era uma boa mulher, dedicada, fiel, bonita, educada, "criada para cuidar do lar", e isso lhe bastava.
Para ela, não. Veio o primeiro filho; veio o segundo, o terceiro... E Wânia cada vez mais se sentia distante e sem interesse pela vida em comum e, até mesmo, pela vida em geral, chegando a apresentar um leve quadro de depressão.
Insistia para si mesma e para as poucas amigas que não havia mais nada entre ela e Flávio, fazendo com que ela se resignasse a manter o casamento apenas para "salvar as aparências", pois, afinal, havia os filhos, a situação econômica, a família e blá-blá-blá...
Certo dia, em uma recepção oferecida ao marido, que havia ganho um prêmio profissional importante, Wânia estava lá, entediada, mais uma vez cumprindo seu papel de fiel companheira-para-situações-socialmente-exigíveis... Eis que uma das promotoras do evento, uma jovem e encantadora morena de olhos azuis, se aproximou dele e começou a conversar, segundo Wânia, "aos cochichos e com um olhar lânguido".
Pronto, bastou isso para que uma bomba explodisse dentro dela. Uma bomba surda, é verdade, mas que levantou muita poeira, muita mágoa escondida, muita tristeza pelo tempo perdido. "Bem, ele não é tão ruim assim", pensou ela.
Não que essa situação modificasse inteiramente sua vida, mas apenas serviu para abrir uma porta que estava trancada a sete chaves, e que ela julgava emperrada para

sempre. Abriu, para Wânia, a perspectiva de "tentar mais uma vez". Ela ainda continua insatisfeita, triste, apostando mais no final da relação; entretanto, agora, ela tem trabalhado um pouco mais a favor do relacionamento, tentando arduamente recuperar o que ficou das boas épocas do namoro.

Ainda estamos torcendo por ela!

O ciúme permite, a quem o sente, certas variações de manifestação. Alguns consentem ser enganados, desde que lhes digam ou lhes peçam permissão; outros intimamente imploram para que lhes ocultem quaisquer informações a respeito, e chegam a negar evidências colossais. Há aqueles que não suportam a ideia de que o companheiro tenha relações com outra pessoa às escondidas, mas que permitem — e muitas vezes até apreciam muito — que isso aconteça em sua presença. Existem também os ciumentos para os quais a questão é de controle absoluto, não permitindo que o companheiro se afaste de sua jurisdição em hipótese alguma, mantendo controle à distância, via telefone, ou lhe atribuindo tarefas que o mantenham ocupado o tempo todo. Há, ainda, os casos comuns em que uma pessoa se relaciona com outra que seja casada. As relações deste outro com seu marido/esposa são toleradas, mas se aparecer uma quarta pessoa... É uma loucura!

Mas por que tantas variações? Por que é assim para um e assado para outro?

A resposta só é encontrada à medida que se conhece a estrutura íntima de cada pessoa, pois nossa personalidade e nosso comportamento obedecem a regras extremamente individualizadas, mesmo que, em linhas gerais, possamos ter algumas características em comum. Por exemplo, diz-se que as pessoas dos signos de Escorpião e de Touro são extremamente ciumentas. Ora! Será que todo o mundo nascido no final de outubro e início de novembro ou em maio tem que padecer desse infortúnio cruel? Talvez a maioria o seja, mas *a regra nunca é absoluta* (aliás, acho que esta regra é uma das poucas absolutas).

Desse modo, chamar o ciúme de "sentimento", nestas situações, é apenas uma redução bastante precária de todo um estado da alma, uma vez que envolve um complexo de pensamentos, sentimentos e ações que ameaça não só toda a estrutura de uma relação interpessoal, como também a existência psíquica, e às vezes até física, das pessoas envolvidas. Daí ser melhor categorizá-lo como um *estado,* quando ele surge em uma situação específica. E como uma *qualidade* (ou *atributo),* quando ele predomina no dia a dia. É a diferença entre "sentir ciúme" e "ser ciumento".

De fato, para se caracterizar o estado ou a qualidade do ciúme, é preciso recorrer a uma série de atributos que se inicia por uma profunda e complexa frustração, apoiada em um confuso sentimento de amor não correspondido em sua plenitude ou falsamente correspondido; sente-se raiva do rival e da pessoa amada; sente-se medo, angústia e ansiedade perante uma situação que requer uma ação efetiva, mas que, mesmo com ameaças e coações, foge de seu controle, tornando-o impotente. O ser, devorado pelo ciúme, arde em profunda tensão, sem poder assumir uma atitude mental solidificada, devido à sua própria insignificância, atingindo graus insuportáveis de desespero e abandono.

As primeiras manifestações de ciúme já podem ocorrer em tenra idade, quando, por exemplo, uma criança de 2 anos ganha um irmãozinho. O primeiro filho, acostumado a receber todo o afeto da mãe e dos familiares, percebe, de repente, que não é mais o centro das atenções.

Destronado, ele pode assumir atitudes que vão desde o total desdém pelo recém-nascido até a regressão, na qual passa a disputar a mamadeira e o colo (ou o peito) da mãe com o pequenininho. Torna-se irritado, agressivo e exigente. Isso sem falar das manifestações mais violentas, voltadas tanto para o bebê como para os pais. Dos apertões, beliscões, beijos que machucam e deixam hematomas na pele do irmãozinho, pode-se passar aos casos realmente patológicos de tentativa de eliminação física do outro. Os jornais sensacionalistas exploram muito esse tema, que é frequentemente manchete de primeira página.

O comportamento dos pais, se não for cuidadoso, pode intensificar o ciúme do filho, marcando-o pelo resto da vida. Pode acontecer de o ressentimento e a insegurança geradas nessa situação tornarem a criança uma pessoa hesitante ou hostil a todas as situações na vida que venha a enfrentar, mesmo quando adulto.

O ciúme entre irmãos é bastante doloroso, não só para quem o sente, mas também para os pais, que muitas vezes não sabem como agir. Além disso, esse tipo de ciúme pode ser, inconscientemente, gerado pelos próprios pais, na medida em que favoreçam o clima de competição entre os filhos, ou, pior, demonstrem clara predileção por um dos filhos, em detrimento do(s) outro(s). Muitas vezes, uma criança especialmente doente pode despertar mais atenção de um ou de ambos os pais, e isso gera ciúme nos outros filhos.

Há que se considerar, ainda, o ciúme de coisas e de animais. Muito mais próprio das crianças, esse tipo de ciúme manifesta claramente o sentimento de posse. Quem sente ciúme de suas coisas, muitas vezes está demonstrando uma forma de posse exclusivista, comum na criança. O sentido do "é meu!" é muito especial, pois traduz a iniciativa de se delimitar a si mesmo e a seu território (atitude bastante observada também entre certos animais).

Quando esse sentimento persiste no adulto, e ultrapassa o simples desejo de conservação e zelo de suas propriedades, pode revelar um imenso vazio interior, cuja forma de compensar é a ideia da posse de coisas.

As pessoas que sofrem desse tipo de ciúme se esquecem de que, quase sempre, as coisas mais importantes da vida não são coisas!

Quando esse sentimento aparece especialmente em relação a um animal de estimação, há um significado ainda mais amplo por trás dele. Não querendo entrar em discussão com os radicais defensores da tese da inteligência humanoide de plantas e animais, o que se percebe é a criança depositando em seu animalzinho o mais alto grau de amizade e confiança. Afinal de contas, ele nunca lhe dá uma resposta mal-educada, não grita, sempre lhe dá uma atenção toda especial e individual, nunca faz perguntas constrangedoras, aceita qualquer argumento e nunca o ridiculariza ou questiona. Na medida em que ele é seu grande companheiro e confidente, às vezes até conselheiro, parte da criança está depositada no animalzinho. Assim, qualquer ameaça ao bicho é obviamente uma ameaça a si mesmo, à sua integridade.

Do mesmo modo, são numerosas as manifestações ameaçadoras que a vida adulta apresenta. Como o ressentimento pela atenção dedicada a um novo funcionário na empresa, o desconforto pela presença de outras pessoas na vida relacional do companheiro (mesmo que sejam aqueles amigos "vagabundos" do *chopp* de sexta-feira), a atenção especial que o filho dá à nova babá ou o marido à empregada... (Humm... aí tem coisa!)

Como podemos perceber, o ciúme surge de diversas formas. Porém, há sempre em sua origem um sentimento de alguém sentindo-se inferiorizado, desprezado, desonrado, minorizado, excluído por outro alguém. E mais, em todas essas situações aparece uma característica marcante do ciúme: *o imaginário*. O grande defensor dessa ideia é Marcel Proust, que apresenta como ingredientes fundamentais da composição do ciúme a opacidade da mulher amada, a inacessibilidade ao mundo do qual ela participa e a infinidade de mentiras escondidas por trás das aparências banais e tenazes da suspeita. Todos estes ingredientes estão condimentados pelo que Nicolas Grimaldi chama de:

> *efeito perverso de espelho* que o nosso ciúme desperta, suspeitando no outro o que conhecemos em nós mesmos e imaginando seus desejos e suas volúpias secretas por uma simples transposição dos nossos.

É na incerteza e na insegurança que, baseado apenas em suposições e ideações inquietas, o ciúme se instala. A angústia, característica marcante do ciumento, é por definição um sentimento que deriva da ambiguidade, da oposição. Sou OU não sou traído? É OU não é verdade o que ele me diz?

O ciumento duvida de si mesmo, assim como atribui ao outro uma série de desconfianças. Como o ciúme reside na dúvida, no medo, quando há a certeza da traição, o sentimento que aparece é outro. Pode ser raiva, depressão, desespero, mas não é mais ciúme.

Desse modo, procuro reduzir a concepção do ciúme ao plano do imaginário, do possível — talvez provável —, mas (ainda) não confirmado.

Quem sente ciúme é, portanto, devorado pela imaginação obsessiva de que pode estar sendo ameaçado de perda ou humilhação. A comprovação, em muitos casos, chega a atenuar o sofrimento.

Isso me faz lembrar daquela anedota na qual um amigo corre para informar alguém que sua esposa está com outro. O informado assusta-se e parte em disparada atrás da confirmação. Pouco depois, volta aliviado e, com um sorriso no rosto, afirma ao amigo: "Puxa, que susto você me deu! Ela não está com *outro!* Ela está com o *mesmo!*"

Para algumas pessoas, no entanto, um sentimento que pode ser chamado de "ciúme" só aparece depois de perdida a confiança no companheiro, devido a uma confirmada "traição" por parte dele.

Foi o que aconteceu com Rosa Maria, uma dona de casa de 50 anos que, desde que flagrou seu marido com a amante, há quase 20 anos, não confia mais nele e vive a sofrer, imaginando que cada encontro de trabalho fora do expediente normal é apenas uma desculpa para ele se encontrar com alguma "vagabunda".

Mesmo ela acreditando realmente nisso, mesmo com todo esse sofrimento, ela não tem coragem de tomar uma atitude. Já pensou até em contratar um detetive particular para seguir o marido (o que parece ser um bom negócio: basta olhar os classificados dos jornais e revistas para se ver a quantidade destes detetives dispostos a vasculhar a vida alheia), mas, segundo ela, não teve coragem. Prefere sofrer em silêncio, angustiada em seus pesadelos de infidelidade, com medo de conversar sobre isso e, dependendo da resposta dele, não saber o que fazer depois.

O drama de Rosa Maria é comum a muitas pessoas, que acabam por se eximir de sua responsabilidade no relacionamento, deixando o barco correr. E o barco corre, corre... até cair cachoeira abaixo! Aí, então, parece uma surpresa. Sendo assim, um aviso aos ciumentos: "NÃO DEIXEM AS COISAS SE AVOLUMAREM; NÃO SE OMITAM HOJE PARA NÃO SEREM 'SURPREENDIDOS' AMANHÃ."

De qualquer forma, esse sentimento está presente em nosso cotidiano com uma força brutal, mesmo que nossa sociedade machista muitas vezes insista em escondê-lo, em disfarçá-lo em anedotas, ou, ainda, em denunciá-lo sob suas formas mais cruéis ou patológicas.

Na literatura brasileira, Machado de Assis, com *Dom Casmurro*, se aventurou nesse terreno ao descrever, na figura de Bentinho, toda a tonalidade da dúvida, da incerteza, do imaginário que caracteriza o ciúme. Graciliano Ramos (em *São Bernardo)* e Guimarães Rosa (em *Grande Sertão: Veredas)* também deram cores ao tema, trazendo para as letras toda a angústia do amor traído.

Já na literatura universal, Dumas, Goethe, Shakespeare, Tolstói, Proust, Dante, Dostoiévski, entre tantos outros, mostraram com o mesmo brilhantismo os sofrimentos de Werther, Otelo, Pozdnishev, Swann, Katerina. Cada um com a sua vivência desse sentimento de tantas faces, motivos e características, mas sempre mantendo a dor da angústia e do sofrimento. Mais próximo de nós, Gabriel Garcia Marquez também deixa sua marca, com o notável O *amor nos tempos do cólera.*

As músicas também, com maior ou menor erudição, não deixam o ciúme de lado; seja na linguagem erudita de um Caetano Veloso, na simplicidade de Luiz Ayrão, cantada por Roberto Carlos, na angústia de Freddie Mercury, ou na confissão de John Lennon ("Sou apenas um rapaz ciumento"), lá está ele a afligir o amante. Basta prestar um pouco de atenção e perceberemos o ciúme presente em um número muito grande de canções populares.

Nos Estados Unidos, o ciúme desperta uma atenção muito especial, na medida em que há uma infinidade de teses, livros, depoimentos, *help lines* (serviços de ajuda por telefone, tipo "CVV"), grupos abertos de discussão (como a AAA ou os Neuróticos Anônimos) e até pelo menos uma rádio, no ar 24 horas por dia, ouvindo confissões e dando conselhos para os crônicos sofredores de ciúme. Via Internet é possível encontrar vários debates e *chats* (grupos de discussão), muitos deles mantidos por igrejas evangélicas (em um deles, há um claro e sonoro aviso aos ciumentos de que eles estão caindo em pecado mortal), além de verdadeiros *games* que avaliam o grau de ciúme do internauta. Devido ao caráter que o ciúme tem de contaminar todo o cotidiano de uma pessoa e seus relacionamentos, além de ameaçar a própria vida física, gerando, enfim, muito sofrimento, há uma infinidade de publicações e livros, quase todos em língua inglesa, que tratam do tema em seus múltiplos aspectos, sejam eles sociais, psicológicos, antropológicos, médicos e até policiais. Na literatura psiquiátrica francesa, o lado mórbido do ciúme também merece grande destaque. Entre nós, não há quase nada escrito sobre esse complexo drama das relações humanas, destacando-se apenas o excelente trabalho do médico cearense Mourão Cavalcante, que escolheu o tema para sua tese de doutorado e depois publicou um livro sobre o ciúme patológico.

Mas por que se fala tanto de ciúme lá fora e tão pouco aqui entre nós? Acho que só essa questão já merece um estudo sociológico profundo; entretanto, uma forma bem simples de entender essa disponibilidade para o tema está, fundamentalmente, ancorada na maneira como vivenciamos esse sentimento. Para nós, brasileiros, com nossa herança latina, católica ou judaico-cristã, sentir ciúme faz parte do amor e, mais do que isso, do amor possessivo, tão natural em nossa forma de pensar que muitos chegam até a fazer sua apologia. Sentir ciúme é, para a maioria de nós, uma grande prova de amor.

Para o americano moderno, no entanto, mergulhado em sua postura liberal, viciado em seus direitos individuais e na política de não intervenção nos assuntos alheios (pelo menos em tese), a pessoa que recebe o ciúme se sente invadida em sua privacidade, e isso é uma ofensa enorme. Assim sendo, o ciúme é um defeito, uma vergonha, um contrassenso, e deve ser eliminado. Pelo que se observa de escritos destinados a "curar" o ciúme das pessoas, tem-se a impressão de que, se um americano confessasse a um grupo de pessoas que é ciumento, ele receberia a mesma reação espantada e agressiva que sofreria um fumante distraído, ao acender um cigarro em um dos elevadores do Empire State Building.

Os americanos Gordon Clanton, sociólogo, e Lynn Smith, psicóloga social, dizem textualmente:

> A análise observativa [do comportamento dos americanos] sugere que em uma substancial proporção de pessoas pertencentes à classe média (ou superior) americana, especialmente no grupo de adultos jovens, houve uma mudança de atitude em relação ao ciúme, particularmente no final dos anos 60 e início dos anos 70. O ciúme "normal", que era encarado como um inevitável acompanhante do amor e, portanto, um suporte ao casamento, passou a ser visto por muitos como uma evidência de insegurança pessoal e fragilidade no relacionamento — uma ameaça, enfim, ao sucesso de uma parceria íntima.

Outro estudo, citado por Marina Colasanti como sendo dos psicólogos Elliot Aronson, da Universidade da Califórnia, e Ayala Pines, da Universidade de Berkeley, para um "Inventário do Ciúme Sexual", revelou que:

> as pessoas inseguras são muito mais sujeitas ao ciúme do que as outras. As respostas de mais de 100 pessoas entre 20 e 50 anos de idade permitiram traçar o perfil do ciumento vocacional como sendo um indivíduo que tem pouca confiança em si mesmo e não acredita na sua capacidade de manter um amor. A baixa autoestima o leva não só a acreditar que a pessoa amada possa vir a traí-lo, como a esperar constantemente por isso.

Na nossa visão, no entanto, com toda a passionalidade latina e o bom humor nacional (que nenhum sociólogo sabe explicar exatamente o porquê), descontando uma minoria que compõe a "intelectualidade oficial", o ciúme e o ato que lhe dá origem, a infidelidade, ganham quase sempre uma leve pitada anedótica, como é mostrado na letra de "Privação de Sentidos", uma música pouco conhecida de Tavito e Aldir Blanc, que expressa a "confissão" do ciumento:

> Ciúme
> É meu fraco, reconheço
> E nessa hora a gente apela, a educação de berço
>   [vai virando um barraco na favela.
> Pudera, se eu souber que meu marido me engana, me suicido. Mas antes, quebro tudo, rasgo as roupas, taco fogo no colchão. Faço pose de primeira-dama mas ofendo e desanco de vez.
> A dose de esculacho só depende da vontade do freguês.
> Em meu ciúme, sinto que um perfume novo cheira a traição. Armo outra discussão, jogo o jantar no chão
> [me sinto estranha e chamo de piranha a quem estiver na mira.
> Sai a moça educada e entra a pombagira.
> Confesso, tudo bem, perdi a conta dos ataques que já tive. Eu tenho cartomante, detetive, enfermeira de plantão. Mas, no fundo, o maior tormento é o momento em que
>   [volto à razão.
> Eu acho meu amor uma gracinha,
> Incapaz de traição.

Por fim, não posso deixar de citar as publicações brasileiras mais recentes sobre este tema que, devido ao grande interesse que ele desperta em nossa sociedade, têm surgido nos últimos anos, como os livros dos psiquiatras Wimer Botura Junior, paulista, e Antonio Mourão Cavalcante, cearense, e a excelente obra do criminalista pernambucano Prof. Roque de Brito Alves.

2
A tradição e os mitos do ciúme

A Natureza, em primeiro lugar, fez de nós seres que, em lugar de ficarem inclinados para a terra, são altos e eretos a fim de que possam, ao olhar o céu, tomar conhecimento dos deuses. Pois, os homens estão na terra não como moradores ou habitantes, mas como espectadores das coisas supraterrestres e celestes, espetáculo que não é para nenhuma outra espécie animal.

Cícero

Assim como o amor e as questões de fidelidade, o ciúme, a inveja e as traições são elementos que sempre estiveram presentes nas mais remotas histórias bíblicas e mitológicas.

O ciúme, a traição, a vingança e a morte, quase como um em sequência ao outro, percorrem vários textos bíblicos, desde a relação fratricida de Caim e Abel, no Velho Testamento, até a arrependida ação mercantilista dos 30 dinheiros! — (ou ciumenta) de traição na relação entre Judas e Jesus.

A própria Lei Divina, base de toda a cultura judaico-cristã, apresenta-nos Deus como um senhor que não tolera nenhum outro deus além dele, e que descreve a si mesmo como sendo tão ciumento que punirá severamente aqueles que transgredirem suas determinações — os pecadores —, ao mesmo tempo que será extremamente bondoso e misericordioso para aqueles que o amam "acima de todas as coisas" e obedecem a seus mandamentos com rigor.

A voz de Deus é ouvida pelos israelitas, em sua longa travessia no deserto, quando, em certo momento, Ele lhes diz: "Eu, o Senhor seu Deus, sou um Deus ciumento"

(Êxodo 20:5). Mais adiante, Moisés repete: "O Senhor, cujo nome é Ciumento, é um Deus ciumento" (Êxodo 34:14). Deus sente emoções tipicamente ciumentas: "Pelos pecados que eles cometeram, eles incitaram sua fúria ciumenta" (1 Reis 14:22), ou "então, o Senhor terá ciúme de sua terra e será piedoso com seu povo" (Joel 2:18).

É preciso ressaltar que as colocações bíblicas aqui apresentadas foram obtidas das citações da "New International Version of The Holly Bible", apresentadas por Alice Fryling, membro de um movimento evangélico norte-americano destinado a difundir o estudo da Bíblia por meio de grupos de discussão, em seu livro *Reshaping a jealous heart* [Reformando um coração ciumento]. Ela mesma, porém, logo em seguida a estas colocações, se apressa em explicar por que para Deus é bom sentir ciúme, e para os homens é considerado um pecado. Ela afirma que essa questão reside na forma como os gregos e os hebreus traduziram a palavra "ciúme". Diz ela:

> Meu Dicionário Teológico diz que a palavra *qinné,* em hebreu, e a palavra *zéloó,* em grego, podem ambas serem traduzidas por "ser ciumento" ou "ser zeloso". A distinção não está na expressão. Em vez disso, ela pode ser encontrada na relação das pessoas com a coisa que é designada. A palavra grega pode ser definida como uma emoção dirigida a uma pessoa, ideia ou causa. Quando o objetivo é bom, a palavra significa esforço zeloso, competição, entusiasmo, admiração. Quando o objetivo é pecaminoso, a palavra significa ciúme, inveja ou rivalidade. O pecado do ciúme, então, reflete algum desejo autocentrado que não é correto. Em contraste, a forma religiosa do ciúme aponta para um desejo que é bom, porque contribui para a vida como Deus a planejou ser.

A ambiguidade da palavra *qinné,* ou *qineah,* no hebraico, é tamanha que realmente confunde. No uso linguístico corrente, coloquial, pode significar fervor, inveja, ou mesmo ciúme, como no Cântico de Salomão (8:6), onde está escrito: "Pois o amor é tão forte quanto a morte, e o ciúme tão cruel quanto o túmulo". Mas a palavra *qineah,* quando associada a Deus no Antigo Testamento, está sempre acompanhada de termos como *cólera, poder* ou *fogo,* o signo da sua divindade: "Pois o Senhor seu Deus é um fogo consumidor, um Deus ciumento" (Deuteronômio,4:24).

Qinné é uma característica tão básica que Bernard Renaud a chama de a efetiva "energia da divindade de Deus, pois é a reação violenta da santidade do amor divino, tal como é revelado no âmbito da aliança, contra tudo o que pudesse se interpor na relação entre Jeová e seu povo".

Há, no entanto, entre as Leis que Moisés recebeu do Senhor, no Monte Sinai, uma que se refere diretamente ao ciúme amoroso, sem qualquer dúvida de interpretação ou de tradução. Trata-se da "Lei sobre o ciúme" (Números, 5:11-31), que se aplica tanto ao ciúme fundamentado pelo flagrante como pela simples suspeita de um marido de que sua mulher lhe seja infiel. Por esta lei, tal qual é descrita na Bíblia, a mulher que, com ou sem motivo, deixou seu marido abrigar a suspeita do adultério deverá ser levada à presença de um sacerdote e submetida a um ritual complexo, no qual será obrigada a ingerir uma "misturança" de cevada e areia, dissolvida em água benta, sobre a qual o sacerdote previamente pronunciou maldições e que terá o poder mágico de revelar a verdade. Diz a Bíblia:

> [19]... Se um homem estranho não dormiu contigo, e tu não te manchaste, largando o leito de teu marido, não te farão mal estas águas amaríssimas, sobre que eu lancei as maldições [20] Mas se tu te apartaste de teu marido, e te manchaste, e te deitaste com outro homem: [21] cairão sobre ti estas maldições: o Senhor te faça um objeto de maldição, e um exemplo para todo o seu povo: Ele faça que apodreça tua coxa, e que o teu ventre inchando arrebente. [22] Estas águas de maldição entrem no teu ventre, e inchando-te o útero, apodreça a tua coxa. E a mulher responderá amém, amém, amém. [...] [29] Esta é a lei dos zelos. Se uma mulher se retirar de seu marido, e lhe for infiel, [30] e o marido agitado do espírito de zelos a apresentar diante do Senhor,

e o sacerdote fizer com ela tudo o que fica escrito: [31] será o marido sem culpa, e a mulher pagará a sua maldade.

O texto deixa claro quanto ao destino da mulher se ela for realmente culpada (uma vez que o pagamento pela "maldade" é o apedrejamento), mas se omite em relação ao destino dado ao marido, no caso de a suspeita ser infundada.

Acredito que, para fugir da ambígua explicação entre o "ciúme bom" e o "ciúme mau", a conhecida versão em português da Bíblia Sagrada, traduzida pelo Pe. Antônio Pereira de Figueiredo e publicada pela Enciclopédia Barsa, usa em todos os trechos citados as palavras *zeloso* ou *zelo*, com o significado de cuidadoso. Mesmo na última referência à mencionada "Lei sobre o ciúme", a palavra *ciúme* é evitada, sendo usado em seu lugar o sinônimo pouco conhecido, *zelos*. Nesta mesma edição da Bíblia, no entanto, em um "Dicionário Prático" escrito pelo Mons. José Alberto de Castro Pinto, há também uma esquisita explicação para a palavra *zelo,* que é apresentada como "entusiasmo que às vezes toma a forma de ciúme, de indignação ou raiva [...] surgida em razão da má-fé de alguém", podendo ele ser imprudente ou injusto. Ressalta o autor, porém, o "significado bom" do sentimento, quando este expressa "a afeição viva e ardente produzida por nosso amor à Deus..."

Mas, deixando de lado as questões semânticas e teológicas, pois não me sinto com nenhuma autoridade para discuti-las, permanece o conceito fundamental, encravado profundamente em nossa formação judaico-cristã, da existência de um Deus poderoso, exclusivista, ciumento e, até mesmo, vingativo para com os "traidores", em contraste à sua infinita bondade e misericórdia para com os obedientes.

Não é muito difícil imaginar como esse conceito pode estar na base de uma série de outras regras e determinações que formam nossa personalidade (particularmente na estruturação daquilo que Freud chamou de *superego*, o domínio das regras e normas) e tudo o que advém dela, gerando nossos sentimentos, pensamentos e comportamento.

Pelo menos em relação ao nosso tema, nos é explicitamente ensinado, sobretudo na moral católica, que Deus é ciumento porque ama seu povo e quer o seu bem, o que nos leva à óbvia dedução de que ciúme e amor são elementos indissolúveis e até mesmo divinos, os quais devemos, portanto, cultivar em nosso ideal de alcançar o Reino dos Céus. Já o moderno protestantismo americano condena o sentimento do ciúme, considerando-o um pecado, tal qual a inveja e a ira!

Por não ser um profundo conhecedor dessa controvérsia, permito-me deixar de tentar esclarecer a ambígua questão do ciúme como virtude ou como pecado, deixando aberta a possibilidade de que as igrejas evangélicas tenham mesmo se baseado, por exemplo, nas colocações feitas por Paulo, ao reconhecer a incompetência da raça humana para julgar seus semelhantes (Romanos, 1:25) e ao lembrar-lhes de que são apenas seres humanos (1 Coríntios, 3:3).

Outra vertente da tradição ocidental, que não deriva do assustado povo eleito de Israel, mas sim do mundo luminoso e panteísta, situado do outro lado do Mediterrâneo, é o fascinante mundo grego. Nele, com o impressionante simbolismo de sua mitologia, o ciúme não tem o mesmo papel que apresenta na história do povo de Deus (e, portanto, de quase toda a humanidade) do Antigo Testamento. Ele aparece, sim, como o centro motivador de uma infinidade de histórias de deuses olímpicos e de suas relações com os homens, em que uma plêiade de sentimentos e comportamentos humanos considerados negativos — como cobiça, vingança, sedução, rapto, estupro, traições, enfim, todo o universo, ou submundo, da natureza humana — é compartilhada por deuses e humanos, embora se mantenha nítida a linha divisória entre o Olimpo e o mundano, sendo absolutamente vedado aos mortais a pretensão ao reino dos Deuses. Alguns mortais que ousaram tentar romper essa barreira, como por exemplo Sísifo e Prometeu, foram punidos exemplarmente, ganhando a eternidade que desejavam, mas cumprindo-a no exercício de castigos infindáveis.

Em todos os mitos gregos, Zeus aparentemente não é ciumento; por outro lado, Hera, sua mulher, destila ciúme e vingança por todos os poros. Com os outros habitantes do Olimpo há uma ou outra passagem em que o ciúme aparece gerando grandes estragos.

Uma bela passagem da mitologia grega que merece ser lembrada é a história do romance entre o deus Eros (o amor) e a mortal Psiquê (a mente, a alma), na qual o ciúme e o amor se apresentam de maneiras diferentes. Conta a lenda que Afrodite (Vênus) percebeu que os homens não mais a adoravam. Em seu templo em ruínas, afluíam peregrinos de todos os cantos, agora para admirar a formosura de uma simples mortal: a princesa Psiquê.

Enciumada e vingativa, Afrodite se enche de ódio e pede a seu filho Eros que use suas flechas encantadas para fazer com que Psiquê se apaixone pela criatura mais desprezível do mundo. Ao partir para a missão, Eros teve uma surpresa desnorteante: ao ver a beleza da mortal, encanta-se profundamente por ela, como se seu próprio coração fosse trespassado pelas flechas do amor.

Eros retorna ao Olimpo profundamente apaixonado e apenas diz à mãe que ela estava livre da rival (como de fato estava, pois agora, iluminada por um amor divino, Psiquê torna-se inacessível aos homens, que voltavam a adorar Afrodite). Por outro lado, Eros articula uma intrincada trama que lhe permite chegar até Psiquê, com a condição de que esta jamais veja seu rosto. Durante muito tempo, Psiquê entregou-se apaixonadamente ao seu amante velado, que a visitava encapuzado e escondido pelas sombras da noite, vivendo ambos um intenso estado de amor. Ela, entretanto, cedendo à cizânia de suas irmãs invejosas, que a incitaram a desmascarar o amante, para se certificar de que não se tratava de um horrível monstro, apanhou certa noite uma lâmpada de óleo e se aproximou do amado enquanto ele ainda dormia. Deslumbrada com a beleza que vira, ela deixa cair uma gota do óleo no ombro de Eros, que acorda sobressaltado, percebendo o que ocorria. Profundamente magoado, e sem dizer qualquer palavra, ele vai embora.

Psiquê, desesperada, ainda tenta alcançá-lo, mas é inútil... Ela apenas ouve, ao longe, com um triste tom de lamento, as últimas palavras de Eros que lhe são dirigidas: "O amor não pode viver sem confiança!"

Nessa frase simples, mas extremamente profunda, parece ficar claro o cisma, a ruptura do conceito de amor com o de ciúme, pois o que é o ciúme senão a falta de confiança? Portanto, o amor não pode viver com o ciúme! Isso colide diretamente com a ideia que temos de que o ciúme é uma manifestação clara de amor. E indo mais além (lembrando o início dessa história com Afrodite), foi ciúme que gerou a raiva, a ira, a vingança. Isso dá muito que pensar, não? Mais ainda, revela o núcleo da nossa discussão sobre o tema: "É o ciúme a favor ou contra o amor?"

Mas, a despeito da beleza poética e moral da lenda de Eros e Psiquê, a história que ilustra mais cruelmente o poder do ciúme e do amor traído nos mitos gregos é sem dúvida a de Medeia, na qual o ciúme aparece manchado com as cores violentas do sacrifício humano.

Símbolo da mulher que faz tudo em nome do amor e de uma justiça absolutamente amoral, Medeia é apresentada como um sanguinária feiticeira, disposta a sacrificar o pai e o irmão para proteger o amado Jason. Quando, porém, se vê ameaçada de perdê-lo, não hesita em envenenar a rival e sua mãe, para depois matar os próprios filhos, completando assim a vingança causada pela traição daquele que lhe jurara amor eterno.

A lenda de Medeia, magistralmente expressa no drama de Eurípedes (c.484-406 a.C.), deu origem a uma longa tradição literária, sendo abordada por uma série de autores, desde Sêneca (c.2-65 d.C.), passando pelo francês Corneille (1606-1684), o espanhol Zorrilla (1607-1684), o inglês Glover (1712-1785), entre tantos, até chegar a nós, por exemplo, em 1975, na badaladíssima peça musical "Gota d'água", de Chico Buarque de Holanda e Paulo Pontes.

Ao se comparar as tradições judaica e grega, ainda que aqui expressas de forma não detalhada, é possível notar uma correlação quase exata entre as duas faces, que habitualmente confundem o comportamento humano. Se, de um lado, predominam a obediência ao único, a fidelidade absoluta, a proibição aos prazeres e a submissão aos deveres, de outro, a multiplicidade dos deuses, a possibilidade de negociar com eles, a banalização divina dos sentimentos humanos, a liberdade levada aos limites da responsabilidade dão o colorido de um sonho de uma humanidade mais livre, mais bela e mais despreocupada. Na psicologia, Jung soube expressar essa ambiguidade presente na personalidade humana descrevendo-nos como possuidores de duas vertentes de ser: a *persona* (a forma "politicamente correta" de se apresentar ao mundo e até a si mesmo) e a *sombra* (os traços escondidos de cada um de nós, que o próprio espelho se nega a refletir).

Sob esse ponto de vista, parece mais compreensível a angustiante natureza dupla do homem, a ambivalente equiexistência do Bem e do Mal em uma mesma pessoa, com o Bem possuindo algo de Mal e o Mal possuindo algo de Bem.

Essa dicotomia tão presente no homem ocidental aparece resolvida na filosofia oriental, que expressa, no simbolismo chinês do *yin-yang,* simultaneamente o aspecto obscuro e o luminoso de todas as coisas. Graficamente, esse simbolismo é representado por aquela famosa figura circular dividida por uma linha sinuosa, com uma parte preta *(yin)* e outra branca *(yang),* cada uma contendo uma semente da outra dentro de si, e todo o conjunto apresentando um movimento de alternância. Em seu *Dicionário de símbolos,* Chevalier e Gheerbrant escrevem:

> O *Yin* e o *Yang,* embora representem dois contrários, jamais se opõem de modo absoluto, pois entre eles sempre há um período de mutação que permite uma continuidade; tudo, homem, tempo, espaço, (bem, mal) ora é *yin,* ora é *yang;* tudo tem a ver com os dois simultaneamente, por seu próprio futuro e seu dinamismo, com a sua dupla possibilidade de evolução e involução.

E, finalmente, neste breve intercurso mítico-religioso a respeito do ciúme, o que a figura central do cristianismo, Jesus de Nazaré, tem a dizer acerca disso? A resposta é simples. Nada! Nada a dizer sobre o ciúme e muito pouco sobre o amor e a sexualidade entre homem e mulher. Embora condenasse com severidade o adultério (Mateus 5:31-32, Lucas 16:18 e Marcos 10:11), Jesus impõe a lei do perdão e da liberdade às exigências absolutas da punição ao pecado.

Apenas para lembrar o leitor — e porque a considero uma das passagens mais significativas e menos observadas por muitos dos que se dizem cristãos —, vale a pena citar a parábola relatada no Evangelho segundo João:

Então os escribas e os fariseus Lhe trouxeram uma mulher apanhada em adultério. E, quando a puseram no meio, disseram-Lhe:
"Mestre, esta mulher foi apanhada em adultério, em flagrante delito. Ora, Moisés na Lei mandou-nos apedrejar tais mulheres. Mas Tu, o que dizes?"
Isto eles disseram, testando-O para ter algo do que acusá-Lo. Mas Jesus inclinou-se e passou a escrever no chão de areia, como se não os tivesse ouvido.
Então, como eles continuavam a interrogá-Lo, Ele se levantou e disse a eles:
"Aquele de vós que não tenha pecado, seja o primeiro a atirar uma pedra nela".
E novamente se inclinou e continuou a escrever no chão.
Então, aqueles que ouviram, condenados por sua consciência, foram saindo um a um, a começar pelo mais velho, até o último. E Jesus ficou sozinho com a mulher que estava no meio.
Quando Jesus se levantou e não viu ninguém além dela, Ele lhe perguntou:
"Mulher, onde estão aqueles teus acusadores? Nenhum te condenou?"
Ela disse: "Nenhum, Senhor". E Jesus disse a ela: "Nem eu te condeno. Vai e não peques mais" (João 8:3-11).

3
O ciúme através dos tempos

Meu Senhor, livrai-me do ciúme! É um monstro de olhos verdes, que escarnece do próprio pasto que o alimenta. Quão felizardo é o enganado que, cônscio de o ser, não ama a sua infiel! Mas que torturas infernais padece o homem que, amando, duvida, e, suspeitando, adora.

Shakespeare

A origem da concepção de que o ciúme é quase inseparável do amor pode estar nas primeiras obras sobre o amor e suas particularidades, escritas em língua latina por Ovídio (43 a.C.-17 d.C.), cuja maior expressão é a obra *A arte de amar*. O "Don Juan do ano zero" Ovídio amou todas as mulheres que pôde, confessando "que não lhe importava se fossem grandes ou pequenas, loiras ou morenas, esbeltas ou opulentas, instruídas ou ignorantes, contanto que fossem belas e que não tivessem ultrapassado o sétimo lustro de vida, isto é, a idade de 35 a 40 anos", como nos informa Tassilo Spalding, na introdução de *A arte de amar*. Nela, o ciúme aparece frequentemente entrelaçado ao amor e marcado sempre por uma conotação bastante dolorosa.

Apesar disso, não foi sempre assim que a cultura avaliou esse sentimento. A forma como o ciúme é visto e experimentado tem mudado repetidamente através das sociedades ocidentais. Segundo Mullen, um psiquiatra inglês, "no século XVII o ciúme era uma paixão que poderia causar problemas; hoje é um problema que pode provocar danos e emoções embaraçantes".

Na linha da História, ele passa por avaliações que vão desde ser fundamental ao caráter humano, em um plano ético e moral, até ser totalmente desprezível, na medida em que revela uma formidável fraqueza do ser.

Depois de permanecer desaparecidos por cerca de mil anos, provavelmente trancafiados nos porões dos mosteiros que tinham o controle exclusivo sobre a transmissão da palavra escrita, o amor e o ciúme ressurgem no século XII, na primeira grande idade de ouro da cultura ocidental, no sul da França, na região da Provença, divulgados pelas cantigas de dois trovadores (poetas cultos, cantores do amor), cujos nomes, apenas para registro histórico, eram Cercamon e Marcabru. (Um pouco do desaparecimento da palavra *ciúme* dos escritos pode ainda ser atribuído à enorme dificuldade de interpretação e tradução de vocábulos hebraicos, gregos e latinos, que se embaralhavam na descrição desse sentimento com o de inveja e zelo.)

Na segunda metade do século XII, provavelmente sob a influência da Condessa Marie de Champagne, o capelão Andreas Capellanus, um influente religioso da corte, elabora uma "teoria do amor", escrevendo um tratado "De Amore", cujo texto original em latim está até hoje preservado em doze manuscritos. O que mais chama a atenção nessa fase é a compreensão do amor como um sentimento extraconjugal, no qual o ciúme desempenha papel preponderante.

O modo de pensar escolástico-medieval reservava às relações conjugais um fervoroso sentimento de amizade que, segundo o manual de Andreas, não condizia com o verdadeiro amor, no qual o ciúme é inevitável. Assim, nas relações maritais, "o verdadeiro amor não pode existir, pois o ciúme é condenado pelas pessoas casadas em todos os níveis, e deve ser evitado por elas como uma doença nociva; todavia, é sempre apropriado para os amantes honrar o ciúme".

Já nessa época, e ainda pelo mesmo Andreas, é dada uma rigorosa definição de ciúme como uma paixão genuína da alma, na qual se teme que a força do amor na pessoa amada possa desaparecer, uma inquietação sobre a desigualdade do amor e uma suspeita de que possam surgir pensamentos vis na pessoa amada. E ele vai além, apresentando três aspectos que caracterizam o ciúme:

> A pessoa que é genuinamente ciumenta sempre teme que toda sua devoção não seja suficiente para preservar o amor do outro; que não seja amada como ela própria ama; e ela sempre pensa nas dores que a atormentariam se a pessoa amada iniciasse uma união com outro amante, muito embora acredite que isto não possa acontecer em nenhuma circunstância.

Com o Renascimento, compreendido entre os anos de 1350 e 1650, há uma mudança radical na forma de pensar, sobretudo devido ao humanismo. Particularmente no que diz respeito às mulheres, essa mudança concede a elas, pelo menos na teoria, um lugar mais presente, mais tangível.

Nesse período, o ciúme, ainda que carregando consigo o sofrimento e um quê de inferior e de obscuro, condizia com seu papel de preservar a consideração da honra, principalmente nas sociedades regidas por este conceito. A honra, como um ideal, implica um empenho naquilo que é bom e que coloca de lado as vantagens pessoais, em favor dos princípios éticos e morais. Onde a monogamia é um imperativo social e moral, o ciúme é considerado o protetor da integridade da família. Desse modo, uma paixão incontrolável encontra respaldo em um argumento racional, que a justifica e a torna moralmente admirável. Assim, a palavra *ciúme* trazia consigo, no século XIV, a conotação de ímpeto, ardor, devoção e zelo, como a traduzida no adágio atribuído a Santo Agostinho, "Qui non zealat non amat", ou seja, "Quem não tem ciúme não ama".

Apesar disso, o caráter angustiante desse sentimento é preservado e aparece, ainda em Santo Agostinho, em suas *Confissões,* nas quais ele afirma que era flagelado pela férrea e abrasadora tortura do ciúme. O ciúme, nesse aspecto, desencadeia ambiguidades irreconciliáveis na alma humana, concedendo-lhe grandes tormentos. Shakespeare o considera uma paixão que consome, originada por um senso de honra afrontada e que depois, como em Otelo e em Leon, apresenta suas reações ciumentas em resposta a erros formais de interpretação. O ciúme de ambos, principalmente o de Otelo, com suas consequências fatais, carrega em si uma forte conotação de doença, que de fato, neste caso, é. Em *Otelo, o mouro de Veneza,* o autor leva seu personagem a matar a esposa inocente, Desdêmona, possuído pelo virulento ciúme e implacável diante de suas aflitivas afirmações de inocência. É nesta peça que se encontra a fala de Iago, advertindo Otelo: "acautele-se, senhor, com o ciúme. É um *monstro de olhos verdes* que zomba da carne de que se alimenta", criando este epíteto para o ciúme.

    O personagem-título sofre de um tipo particular de paranoia, na qual o ciúme ocupa toda a sua vida, levando-o a imaginar-se traído o tempo todo. Tal manifestação não é tão incomum quanto possa parecer, tanto que psiquiatras ingleses vêm estudando, já há alguns anos, casos de ciúme doentio que denominaram de "Síndrome de Otelo", um problema que tende a crescer nas sociedades de consumo e competição, chegando a assumir, segundo eles, ares de epidemia, como veremos mais adiante.

    A partir do século XVI, com as grandes navegações e as descobertas do Novo Mundo, as atenções europeias se voltam para a Espanha e seus reis católicos, Fernando e Izabel. Os espanhóis, reconhecidos ainda hoje como muito orgulhosos (há até a expressão "orgulhoso como um espanhol"), levam a questão da honra, naturalmente associada ao orgulho, aos mais altos padrões de enobrecimento e estima.

A grande literatura espanhola da época encontrou na honra, quase sempre associada ao amor, uma de suas maiores forças motivadoras. Amor e honra, atrelados, levam ao ciúme, e o ciúme leva à vingança! O "sangre caliente" se faz presente, tanto no exercício da sedução (lembremos que Don Juan era espanhol) quanto nas disputas esgrimistas em nome da honra ofendida.

Não cabem aqui maiores explicações psicológicas para o que estava acontecendo em termos de estruturação de autoestima, a qual talvez possamos chamar de "amor-próprio". O que havia em cena era um clima de sensualidade e sedução, facilitando sobremaneira a manifestação de mecanismos projetivos, pelos quais a sedução de um era inconscientemente vivenciada como a ameaça da sedução exercida por seu companheiro, ou por algum outro rival que se lhe apresentasse como mais forte ou mais hábil.

É um período de grandes transformações, principalmente no papel da mulher, que assume energicamente seu destino com as próprias mãos. Assim, aparece na literatura espanhola, e logo se espalha por toda a Europa, a até então inusitada força feminina nas questões do amor, da honra injuriada e do ciúme. O casamento é sempre o alvo (outra novidade histórica), e não há mais regras para um sistema extraconjugal; no máximo, há um sistema para o amor *pré-conjugal.*

Logo a seguir, a História toma seu rumo, mudando o centro das atenções para a França do século XVII. Enquanto os países vizinhos são sacudidos por rebeliões, guerras, mudanças radicais e revoluções, a França vive seu período glorioso, sob o reinado de Luís XlV, o Rei Sol. Nesse contexto, ocorre uma maior liberalização da sexualidade da mulher casada. Apesar disso, mesmo sendo mais livre da moral barroca que a mulher espanhola, a francesa ainda tem no casamento o objetivo de sua realização.

Evidencia-se um paradoxo no amor feminino: se a mulher opta pelo amor, a única forma moral de exercê-lo é o casamento, que é indissolúvel, mesmo quando o amor acaba, tornando-a infeliz; se ela opta pela renúncia ao amor, na moral vigente está renunciando ao casamento e, portanto, à inclusão no círculo de poder na corte.

Assim, os valores sociais e pessoais sofrem de um processo enlouquecedor de tentativa de adequação. As regras e as experiências amorosas no século XVII são tão claras por um lado, e tão permissivamente transgredidas por outro, que não se sabe mais o que é regra e o que é transgressão. Isso também acontece com o amor, que, mesmo voltado para o casamento, nunca se manifestou tão violenta e claramente nas relações extraconjugais quanto nesse período.

Arma-se então o terreno ideal para o ciúme: há uma regra absoluta (o casamento iniciado por paixão que se extingue com o tempo), a busca incansável do exercício sexual na paixão, a possibilidade da relação extraconjugal, e a bagunça que tudo isso origina, instaurando-se o cenário para a manifestação de processos emocionais de angústia, insegurança e, consequentemente, de ciúme.

Nesse período, se vê René Descartes (1596-1650) afirmar que o ciúme é "um tipo de medo relacionado ao desejo de se preservar a possessão". Na visão melancólica do nobre La Rochefoucauld (1613-1680), o ciúme é acompanhado de várias "máximas", entre as quais, "como outras paixões, o orgulho tem seu aspecto bizarro: fica-se constrangido de confessar que se está com ciúme e, no entanto, se considera uma questão de honra ter tido ciúme e ser capaz de ter ciúme", "o ciúme é o maior de todos os males e o que tem menos compaixão daqueles que o provocam", ou ainda, "o remédio para o ciúme é a certeza do que se teme, porque isto acarretará no fim da vida de alguém ou no fim do amor; este é um remédio difícil, porém mais doce do que a dúvida e a suspeita". Como um golpe fatal na passionalidade determinante dos costumes, La Rochefoucauld afirma sua tese central, concordando implicitamente com o pensamento cartesiano: "o ciúme contém mais amor-próprio do que verdadeiramente o amor".

Na Europa do final do século XVII e início do XVIII, surge, articulada e influenciada por pensadores como David Hume, a concepção de que a razão é que deve ser escrava das paixões. Assim, as paixões, como o ciúme, não eram meras reações, mas tinham sua origem em disposições preexistentes, isto é, elas eram objetivas e intencionais. Para Hume, sentir ciúme deveria ter uma finalidade, que obedecesse a sua conveniência, ou não; ou seja, deveria haver, por exemplo, um evento que realmente justificasse o ciúme emergente, como se amar e/ou sentir ciúme tivesse de ter uma razão, um objetivo. É como se vê, ainda hoje em dia, certas pessoas questionarem "pra que" sentir determinado sentimento, se isso não serve pra nada.

Tais colocações, apesar de poderosas e influentes do pensamento universal, se restringiam sobretudo aos círculos mais proeminentes do poder, enquanto o povo se mantinha, senão alheio, pelo menos alijado dessas posições.

Surge, então, como uma resposta, não apenas à situação econômica, mas a toda moral cortesã, a Revolução Francesa, que inspiraria, horrorizaria e convulsionaria toda a Europa com seus ideais de "liberdade, igualdade e fraternidade".

Isso traz à tona, novamente, o amor e o ciúme românticos, procurando dar uma conotação ética às relações afetivas, nas quais a persistência do casamento e da união só tem sentido enquanto durar o amor. Com isso, abrem-se as portas do divórcio como opção ética contra a traição e a infidelidade. A mulher, ainda que apenas teoricamente, assume mais seu papel ativo nas relações amorosas, lutando por posições que lhe assegurem a proposta de igualdade, liberdade e fraternidade.

Dando prosseguimento à nossa viagem pela História, vale lembrar que os séculos XIX e XX enfrentaram as duas grandes revoluções não violentas que mudaram o comportamento humano: a Revolução Industrial e a Revolução Sexual.

A Revolução Industrial foi o grande movimento mundial de base econômica iniciado na Grã-Bretanha, aproximadamente entre 1750 e 1830. Ela atingiu seu apogeu nos Estados Unidos, há cerca de um século, dando origem a todo um comportamento voltado para o mercado consumidor, que exige, para sua sobrevivência, uma grande autonomia, além da participação de um maior número de pessoas no processo, para a sua execução.

A chamada Revolução Sexual, cujas manifestações mais empolgantes ocorrem após a metade do finado século XX, permitiu uma abertura ainda maior da consciência da individualidade e da cidadania, dando, ainda que novamente em tese, o direito às pessoas de lutar por suas liberdades individuais e, consequentemente, de manifestar sua sexualidade na plenitude que ela exige.

A liberdade incentivada pelo mercado de consumo gera uma grande instabilidade nos conceitos estáticos das relações duradouras, mantidas pelo poder, principalmente econômico, iniciando com isso processos de relação em que a manutenção do vínculo se dá, sim, pela constante renovação dos estímulos que o sustentam.

Apesar de várias pesquisas revelarem que a maioria das pessoas se percebe ciumenta e considera o ciúme como uma parte inevitável do amor, hoje em dia a sociedade ocidental reflete a influência da economia de mercado, da democratização e da noção de liberdade expressa por meio dos direitos individuais. O modernismo, assim, não deixa lugar às reivindicações exclusivistas do ciúme, que ofende a individualidade, pois a pessoa ciumenta, no mercado do amor, é considerada um "falido emocional".

A cultura latina, no entanto, seja ela francesa, espanhola, italiana ou mesmo brasileira, ainda é fortemente impregnada pelos conceitos católicos do século XVII, na medida em que conserva as premissas do ciúme ligado ao amor. Até mesmo na área jurídica, algumas legislações são extremamente tolerantes com os chamados "crimes passionais", pois ainda consideram que o assassinato de um rival pode subentender amor pela pessoa infiel, ao mesmo tempo que considera as questões de honra pessoal ao julgar o assassinato do infiel.

Às vezes, me parece que não entendi direito aquela passagem bíblica do apedrejamento...

4
A visão psicológica do ciúme

Meu propósito é ajudar o melhor possível as pessoas que vivem num constante inferno. Não no além, mas aqui mesmo na Terra... Minhas descobertas científicas, minhas teorias e métodos, visam torná-las conscientes deste inferno, para que dele possam se libertar.

Freud

A psicologia, ancorada principalmente em bases psicanalíticas, procura explicar muitos dos acontecimentos que cercam nossas ações e reações perante o mundo.

O pai da concepção dinâmica do funcionamento da mente é, sem dúvida, Sigmund Freud. Ainda que ele tenha se baseado em inúmeros conhecimentos de outros pensadores, sejam eles da Antiguidade grega ou seus contemporâneos, coube a Freud a árdua tarefa de sistematizar todo um conhecimento, dando-lhe características próprias e bem definidas, formando um extenso corpo teórico e prático, que ele mesmo batizou de *psicanálise*.

Um ponto bastante curioso é atribuir ao sentimento *ciúme*, ainda que indiretamente, todo o conhecimento psicanalítico. Isso porque Freud foi estimulado a levar adiante suas pesquisas por um médico vienense mais velho e de reputação ilibada, o Dr. Joseph Breuer, que tinha uma grande clientela em que predominavam pacientes com afecções nervosas, que exigiam muito dele. Uma das pacientes de Breuer, a famosa Anna O., mulher jovem, bonita, culta, rica e histérica de dar dó, apaixonou-se perdidamente por ele, a ponto de enviar-lhe inúmeros presentes e maços de flores, quase que diários, despertando assim um grande constrangimento em sua relação conjugal. Sua esposa enciumada não aguentou aquela situação e o obrigou a abandonar o caso. Sem saída, Breuer passou o tratamento de Anna O. a Freud e, pelo menos aparentemente, livrou-se do problema. O "abacaxi" sobrou para o próprio Freud, que, logo depois, se viu na mesma situação. Assim, foi o ciúme da mulher de Breuer que deu a oportunidade para Freud iniciar e desenvolver seu extenso trabalho psicanalítico. Como ele lidou com essa situação é uma questão bastante curiosa, que abordaremos mais adiante.

As ideias de Freud, discutidas e debatidas veementemente desde o início de sua apresentação, foram já bastante atualizadas desde a sua morte, em 1939; apesar disso, o eixo de suas teorias ainda permanece rígido, sendo capaz de explicar diversos fenômenos mentais.

Em suas colocações sobre o ciúme, mais precisamente em um artigo escrito em 1922, Freud o considerou como um daqueles "estados emocionais normais", semelhante ao sentimento de luto, descrevendo-o como composto de pesar, de sofrimento causado pela ideia de perda do objeto amado, de ferida no amor-próprio, de sentimentos de inimizade contra o rival bem-sucedido e de maior ou menor quantidade de autocrítica, na medida em que o ciumento se responsabiliza pela perda do objeto amado (isso lembra a colocação famosa de Nelson Rodrigues: "Perdoa-me por me traíres").

Por outro lado, Freud faz a seguinte observação:

> Embora possamos chamá-lo de "normal", o ciúme não é, em absoluto, completamente racional, isto é, derivado da situação real, proporcionado às circunstâncias reais e sob o controle do *ego* consciente; isso por achar-se profundamente enraizado no inconsciente, ser uma continuação das primeiras manifestações da vida emocional da criança e originar-se no Complexo de Édipo ou de irmão-e-irmã do primeiro período sexual. Além do mais, é digno de nota que, em certas

pessoas, ele é experimentado bissexualmente, isto é, um homem não apenas sofrerá pela mulher que ama e odiará o homem seu rival, mas também sentirá pesar pelo homem a quem ama inconscientemente, e ódio pela mulher, como sua rival.

Em outras palavras, *é normal sentir ciúme,* mas... sempre há algo a mais escondido sob um simples sentimento, no qual, se for pesquisado profundamente, serão certamente encontradas motivações e segredos guardados no inconsciente. E isso também é normal! A mente de cada um de nós sempre guarda algo no inconsciente.

Como uma válvula de proteção, a parte do *ego* que está no inconsciente usa um "mecanismo de defesa" chamado *repressão,* para manter todas as nossas lembranças muito bem guardadinhas. Como um vigilante do cofre do banco, ela fica lá, postada o tempo todo, tentando não deixar passar nada!

Nada!? Bem, não é exatamente assim. Esse vigilante, pressionado pela insistência do conteúdo reprimido, ou até subornado por ele, muitas vezes deixa escapar algumas coisas. O maior exemplo disso é o que acontece nos nossos sonhos, quando, relaxados em nossas defesas, muito do material inconsciente vem nos perseguir nos pesadelos e, naturalmente, nos sonhos de cada dia, nos quais ele aparece bem disfarçado para não assustar muito. Nesses casos, o que sonhamos não é bem uma representação literal do reprimido, mas um conjunto de aspectos condensados, um complexo que se apresenta muitas vezes aparentemente sem nenhum significado, ou com um significado muito tolo.

Lembro-me de Augusto, um sofredor crônico de ciúme da jovem e bela esposa; todo o homem que se aproximava dela, por qualquer motivo, causava nele uma certa sensação de temor e apreensão. Se esse homem fosse mais velho, então, Augusto sentia até arrepios!

Conscientemente ele não via motivos para tais sentimentos, pois confiava em sua esposa e tinha certeza absoluta de que ela saberia se defender de uma eventual cantada. Mas, mesmo assim, ele sofria. E muito!

Tentando dar algum sentido a isso tudo, durante um momento de autorreflexão, Augusto deixou sua mente vagar pelo tempo e pelo espaço, ao som de O *fantasma da ópera,* de Andrew Lloyd Webber, e seu pensamento foi parar em um período da sua infância em que sonhava repetidamente que estava em um cemitério e, por curiosidade, abria a portinhola de um túmulo. Surpreendia, então, um esqueleto de costas, que devia estar fazendo alguma coisa, digamos, não permitida. Ao ser surpreendido, o esqueleto voltava a cabeça (que Augusto descrevia como a "caveira") para ele e... o sonho se interrompia.

Durante muitos anos, Augusto teve esse sonho sempre da mesma forma e, apenas quando estava realizando uma psicoterapia, pôde associar a figura do esqueleto à do seu pai, um sujeito sempre ausente, farrista, que saía de casa para comprar cigarros e voltava dias depois. Augusto sofria muito com isso.

O esqueleto do sonho (o pai ausente, sentido como morto) estava fazendo algo errado, e constatar isso com toda a clareza fora muito doloroso para Augusto. E, mais ainda, a figura do homem mais velho (a figura do pai) trazia em si uma ameaça poderosa ao seu "eu" e a tudo o que ele julgava lhe pertencer. Daí seu ciúme. Por isso, o sonho vinha "disfarçado": trazia todo o conteúdo de um trauma do inconsciente, mas não explicitava claramente a que vinha. Freud chamou de conteúdo *manifesto* a forma como o sonho se apresenta, e de conteúdo *latente* aquilo que ele realmente quer dizer.

Outra forma do nosso inconsciente deixar escapar um pouco da sua pressão interna é por intermédio dos chamados "atos falhos", isto é, aquelas situações do dia a dia em que realizamos (ou deixamos de realizar) algo aparentemente muito casual, como esquecer um guarda-chuva, um compromisso desagradável, uma data importante (geralmente importante para o outro, não para nós), etc.

Sônia Maria, uma mulher de 31 anos, psicóloga, supostamente bem terapeutizada, deixou escapar um ato falho que quase lhe custou a amizade de um casal de amigos, além do próprio casamento deles.

Ela estava com o marido e este casal de amigos jantando em um restaurante. O clima era tenso, pois os amigos ficavam se "cutucando" o tempo todo, e Sônia sabia que o rapaz estava tendo um caso com a mulher de outro conhecido dela, o Adalberto. No meio do jantar, em uma conversa casual, a ciumenta mulher do amigo tocou no tema fatídico, a infidelidade. E com toda aquela solenidade das mulheres que não disfarçam o seu ciúme, falou:

— Se um dia eu descobrir que o Robertinho [o seu marido] está saindo com outra mulher... aí vai ter! Não tem perdão... é rua, área, na hora! Eu não admito ser traída. Por ninguém... e mais, se eu souber que meus amigos sabem de alguma coisa e não me falaram, eu vou considerá-los traidores também!

Sônia só não engoliu em seco porque estava jantando. Procurou disfarçar o mais que pôde, ajudada pelo marido que, também sabendo de tudo, tratou logo de mudar de assunto. O jantar continuou transcorrendo normalmente, isto é, aos trancos e barrancos, até que passados alguns instantes, com o assunto já supostamente esquecido, veio à mente de Sônia a figura da "outra". Sem se dar conta disso, conscientemente, ela se vira para o marido e pergunta, à queima-roupa:

— Como é mesmo o nome da mulher do Adalberto? Silêncio...

Como deve ser logo após a explosão de uma bomba termonuclear, o tempo ficou por uns instantes parado. O marido olhou-a com os olhos mais repreensivos do mundo, para que ela percebesse a desastrosa "gafe": a tal mulher do Adalberto era a "outra" do Robertinho! Mas Sônia não reparou, e insistiu na pergunta. Mesmo depois de um leve chute por debaixo da mesa, ela ainda não pôde perceber o que estava acontecendo. Insistia em querer lembrar o nome da moça, aparentemente sem nenhuma intenção. Estava convicta de querer apenas se lembrar do nome de alguém conhecido. Ora, bolas!

O que realmente aconteceu nesse simples episódio do cotidiano? Aconteceu que Sônia se viu aprisionada por um conflito: se, por um lado, era amiga da mulher do Robertinho e não podia traí-la, também era amiga do próprio, e traí-lo era outra questão inconveniente. A situação conflitiva foi rapidamente reprimida para o inconsciente, para aparecer um pouco depois "transformada". Ao perguntar o nome da mulher do Adalberto, a "outra" em questão, de certa forma denunciava à amiga a existência do perigo, ao mesmo tempo que protegia o amigo, não revelando abertamente a verdade.

Complicado, não!?

Nesse caso, a "vítima" do ciúme de alguém não pertencia ao casal, mas ficou envolvida pela situação. Isso sinaliza, mais uma vez, a amplitude desse sentimento, que não só faz o ciumento sofrer, como também leva os outros em sua companhia.

Esse é um exemplo realmente complexo de um ato falho, demonstrando como o nosso inconsciente prega algumas peças em cada um de nós, sempre que "cutucado". Exemplos mais simples do mesmo fenômeno são esquecer o dia de aniversário de casamento, trocar os nomes de pessoas, chamar o marido pelo nome de alguém por quem se está levemente interessada, chamar o marido de pai, ou a mulher de mãe! E essas são apenas situações banais de nossa vida. Quando a coisa é mais feia, então... O que fica reprimido acaba arranjando mecanismos distorcidos cada vez mais complicados, até se originarem sintomas de doenças psicológicas e/ou psicossomáticas.

O próprio ciúme é muitas vezes uma manifestação atrapalhada de vários elementos reprimidos no inconsciente, que vão desde uma baixíssima autoestima até o sentimento de culpa por ter feito algo errado para o outro, passando por inúmeras possibilidades de transformação.

Ângelo, um jovem executivo de 20 e poucos anos, veio procurar a psicoterapia após viver atormentado muitos meses por um sentimento que nem ele mesmo podia admitir: estava apaixonado por uma secretária da empresa em que trabalhava. Se a visse conversando com outros rapazes, era imediatamente tomado de uma fúria incontrolável, que já lhe havia custado a fratura de alguns ossos da mão, em decorrência de um impulsivo e inoportuno soco na parede.

Em sua análise, Ângelo considerou-se bastante inseguro; inconscientemente sentia-se inferior a outros homens, como sempre se sentira em relação a seus irmãos mais velhos. Como uma atitude compensadora, acabou por desenvolver um certo "donjuanismo", uma compulsiva atitude paqueradora que, nessa vivência emocionalmente forte, acabava por ser projetada sobre a figura de sua eleita. A *projeção* é um dos mecanismos de defesa do *ego*, no qual a pessoa acaba atribuindo a outra pessoa uma característica, intenção, desejo, enfim, um sentimento ou pensamento que na verdade é dela mesma. Ângelo utilizava-se desse mecanismo reconhecendo na amada um desejo que era na realidade dele, e não dela. Era ele que, ao conversar com outras garotas, mantinha sempre um quê de sedução nas conversas, sempre pronto para uma eventual paquera.

Maria Emília, a mesma da introdução deste livro, passou a ter mais ciúme do marido depois que se viu envolvida pelo seu médico homeopata, com o qual acabou trocando alguns beijos. Ela mesma dizia que, se ela, que era uma mulher de fortes traços morais e religiosos, fora capaz disso, então por que seu marido, um Homem (!), não seria capaz...

Na projeção, nós não nos damos conta de que a característica atribuída ao outro é nossa, pois o próprio conceito de mecanismo de defesa inclui o de que o processo ocorre no inconsciente, devido à repressão para evitar o sofrimento pelo conflito. Um exemplo disso são aquelas nossas tias que falam pelos cotovelos e vivem reclamando umas das outras, porque são "as outras" que falam muito!

O "monstro dos olhos verdes" surgiu para Mariana quando da separação de seu primeiro casamento. Mulher culta e sofisticada, manteve uma união estável por cerca de sete anos (data matrimonial geralmente fatídica, que os americanos costumam chamar de "coceira dos sete anos"), cujo final foi um compêndio de boas maneiras, civilidade e respeito; "à americana", como ela mesma definiu.

Quanto aos dois filhos do casal, porém, a situação não foi tão diplomática assim. Ambos preferiram ficar com o pai, e isso causou um abalo profundo na autoestima de Mariana, que nunca deixara de dar assistência constante às crianças.

— Por que elas preferem ele?! — perguntava-se aflita, mergulhada na tristeza e na decepção. E foi muito difícil para ela aceitar que não se pode possuir pessoas, nem mesmo os próprios filhos; e mais, essa posse exagerada foi exatamente o motivo que levou as crianças a optar pela guarda do pai.

O ciúme de Mariana pelos filhos sempre gerou discordâncias entre o casal. Enquanto ela exercia um poder de submissão com as crianças, o marido, mais liberal e permissivo, mantinha-se à distância do extremo zelo que ela exercia. O seu comportamento, um tanto fleumático, restringia-se a alertar Mariana com relação à sua atitude castradora, não só junto às crianças, como também a ele mesmo. Aliás, foi exatamente isso que corroeu o casamento até causar seu rompimento definitivo.

A atitude de Mariana era determinada pela sua profunda insegurança, sua disfarçada deficiência na autoestima que, na relação com as crianças, encontrava uma forma de se manifestar reativamente. Enquanto agia como uma mãe ditadora, sentia-se inconscientemente forte e poderosa. Não percebia, porém, que esse poder era falso, pois sufocava e provocava reações de raiva e afastamento. E foi o que aconteceu na separação. Os filhos, embora a amassem, optaram pela liberdade oferecida pelo pai. Fugiram de uma prisão, ainda que de "amor", como ela mesma chegara a definir; a "gaiola dourada", que prende e sufoca, submete e aniquila, pouco a pouco acaba por se despedaçar. E isso ela não conseguira perceber durante todos os anos do casamento.

No ciúme pelas crianças, tudo isso se manifesta. Ele escraviza. Tenta submeter o outro à vontade do ciumento, levando o outro, portanto, a um lento afastamento; uma fuga nem sempre premeditada, mas que se formaliza até a sua, às vezes inesperada, concretização.

Dentre as várias manifestações do ciúme, uma que merece destaque particular é a sexual. O ciúme despertado pela suspeita de infidelidade é geralmente tão intenso, que se torna difícil sua recuperação. A situação se agrava quando é nítida a superior capacidade de atração de um dos parceiros em relação ao outro. Em casais com grandes diferenças, seja de idade, de situação socioeconômica, de beleza, de projeção social, torna-se mais comum o surgimento da desconfiança, do medo, da insegurança, do ciúme.

Júlia, grande empresária na faixa dos 45 anos, apaixonou-se por um garoto de 26 anos. A paixão plenamente correspondida permitiu a ela recuperar o prazer de viver, de encontrar uma nova motivação para seus projetos e realizações. Renato, o parceiro, também se viu estimulado e confiante, ao encontrar uma relação estável e satisfatória.

Em pouco tempo, porém, a paixão cheia de volúpia e encantamento foi se tornando um pesadelo para ambos. De um lado, Júlia começou a questionar quais as reais intenções de Renato. Estaria ele interessado apenas em seu dinheiro e posição social, usando-a apenas para se projetar no mundo dos negócios e depois abandoná-la? Estaria ele, maquiavelicamente, elaborando um projeto secreto com alguma humilde namoradinha, deixada no interior a sua espera?

Tais pensamentos, típicos dos enredos das novelas televisivas, mexicanas ou não, rondavam a mente de Júlia sempre que Renato não estava com ela, sob sua vigilância. Às vezes, mesmo enquanto ele dormia, ela tentava questioná-lo sobre a outra. Fazia-lhe perguntas em tom baixo, ao ouvido, esperando induzi-lo a uma confissão. Como consequência, o inevitável: Renato, acuado, foi se recolhendo cada vez mais, após inúmeras tentativas de se defender de algo que simplesmente não havia. A desconfiança dela, aliada ao seu desejo de ser compreendido, levou-o a se empenhar mais no relacionamento sexual. Era preciso provar que ela era a única, a desejada, a amada. E, como sempre acontece, essa ansiedade em manter um desempenho sexual espetacular transformou-se em um tenso temor, que acabou por levá-lo a uma impotência parcial.

Pronto! Era o que faltava para tornar a situação ainda mais infernal. Agora sim Júlia tinha, no comportamento do parceiro, a prova irrefutável de sua infidelidade...

A única possibilidade de se livrar daquela já persecutória situação seria confessar que havia outra. Mesmo não sendo verdade, essa era a única resposta que poderia acalmar a inquietação de Júlia; o que, por sua vez, desencadearia outra série de sentimentos e comportamentos insuportáveis.

Enfim, o resultado final da história foi a dolorosa separação e... esquecemos nosso amor inesquecível!

Já que, como podemos perceber até agora, o ciúme é um sentimento natural e universal, sendo, portanto, impossível de se evitar, por que não pensá-lo de outra forma, condicionando-o a nosso favor? Sim, porque embora na maioria das vezes ele seja uma emoção dolorosa e destrutiva, nós podemos transformá-lo em um estímulo. Se nos percebemos enciumados, por que não parar para pensar um pouco sobre isso? Por que estou me sentindo assim? O que, de fato, está me levando a sofrer dessa forma? Será que não sou eu mesmo quem está gerando essa situação? Não será tudo por conta da minha própria insegurança?

A reflexão por si só pode não levar a lugar nenhum, mas sempre ajuda a abrir uma porta para a autocompreensão. Afinal, um estado tão complexo quanto o do ciúme merece uma ampla e profunda análise. Merece que não se limite o sentimento apenas a sua fogueira torturante, sem que nenhuma atitude efetiva seja tomada. Não contra o outro, mas a favor de si mesmo!

Roberto, um psicoterapeuta já experiente e bastante psicoterapeutizado, percebeu-se amargurado pelo ciúme de sua jovem e bela esposa. Sentia-se profundamente incomodado por algo que não conseguia aceitar nem compreender: o ciúme dos antigos namorados de sua mulher...

Embora tivesse absoluta certeza da fidelidade de Heloísa, sua querida, ele não podia suportar a ideia de que ela amara e fora amada por outros homens.

Pensando, pensando, pensando e conversando muito sobre isso com Heloísa, Roberto conseguiu focalizar esse sentimento com relação a um dos antigos namorados dela em especial. E à medida que falava abertamente, ainda que envergonhado por estar se sentindo assim, ele percebeu em si mesmo uma daquelas terríveis lacunas na estruturação da personalidade, que deixam espaço para antigas competições da adolescência. De fato, ele se sentia inferiorizado perante o outro (embora Heloísa tivesse exatamente abandonado este outro para ficar com ele), mas, no fundo, a vivência transferencial, isto é, a fantasia que ele criava em sua mente, era mais forte que a realidade.

Nessa fantasia, Roberto, que não conhecia o antigo namorado de Heloísa, imaginava-o com características que ele mesmo não tinha e que gostaria de ter. Na linguagem psicológica, podemos dizer que ele projetava no outro o seu *ego-ideal;* o outro era a própria imagem da perfeição idealizada do que ele gostaria de ter sido, certamente espelhado em alguma imagem mítica apresentada ou imposta na infância.

Sempre fora uma luta enorme para ele enfrentar a figura internalizada do avô materno, revelado por sua mãe como uma pessoa impecável, correto, honesto, brioso, forte, um mito inexpugnável! O Grande Ideal sempre fora, para Roberto, superar em si mesmo essa figura que, exatamente por ser ideal, era insuperável, inatingível. Como ele mesmo podia reconhecer, "é como perseguir a linha do horizonte... ela sempre estará lá, bem longe, inatingível; simplesmente porque a Terra é redonda".

Após alguns meses de sofrimento, finalmente a situação se resolveu. Em um encontro casual, Roberto conheceu o "rival". Isso bastou para dar uma forma definida ao outro, desfazendo assim a fantasia torturante do "super-homem" (em muitos sentidos) que ele criara. Pôde perceber, então, que, na verdade, sua competição não era com o outro, mas sim consigo mesmo. Competia com uma figura introjetada em seu mundo interior (chamada de *imago* pelos psicanalistas) e que possuía características de idealidade, portanto inatingíveis.

É claro que essa situação é muito mais complexa do que foi relatado aqui, pois a dinâmica vivenciada por Roberto partia de um déficit em sua autoestima, uma lacuna no ideal do *ego,* que o levava a projetar a figura idealizada no outro. Em resumo, sua competição era consigo mesmo, só que, devido a um mecanismo de defesa do *ego,* a parte idealizada era projetada no outro, e assim o conflito que ocorria em seu interior transpunha-se para o mundo externo.

No deslocamento, outro mecanismo de defesa, assim como na projeção, colocamos para "fora" de nós algo que não nos agrada. Uma angústia inconsciente muito forte pode comumente se manifestar como o medo de alguma coisa, seja ela um lugar, um bicho ou mesmo uma situação.

Regina, vivendo um relacionamento em crise no auge de seus 35 anos, passou a ter medo de lugares fechados, em que se via sem saída. Como no casamento, precocemente presenteado com uma filha, a vida se tornou para ela uma grande prisão. Ficava ansiosa e extremamente preocupada com tudo. Chegou até a sentir ciúme do marido por se achar feia, desanimada e sem atrativos. Mas era muito difícil admitir isso, pois a atitude a ser tomada seria provavelmente a separação, ou um grande trabalho de reorganização pessoal e conjugal, e isso lhe era mais assustador ainda. Nesse conflito, nada mais confortável do que tornar o *ego* prisioneiro de uma situação na qual, de alguma forma, ela poderia se sentir com controle e ação. Desse modo, se a assustava andar de elevador, sempre havia uma escada, que, ainda por cima, satisfazia seus ideais de vaidade, pois podia justificar que estava fazendo exercícios! Eis aí o mecanismo do deslocamento: no lugar de perceber a realidade, que era a angústia sufocante de um casamento opressor, deslocou esta mesma angústia para a "opressão e sufoco" do elevador.

Outro mecanismo de defesa do *ego* é a chamada *racionalização*.

Lembram-se da fábula da raposa e das uvas? Nela, a raposa, não conseguindo alcançar as uvas por elas estarem muito altas, neutraliza seu sentimento de frustração ao justificar o fracasso dizendo que elas estavam "verdes", e não "muito altas". Embora essa fábula valha muito mais para a inveja (como veremos mais adiante), é bom lembrar que o ciúme e a inveja são sentimentos gêmeos, pois ambos se referem ao sentimento de posse envolvido, sendo que o ciúme é relacionado ao que se tem e teme-se perder, enquanto que a inveja é direcionada ao que não se tem e se deseja obter (ou impedir que outro tenha).

Nossa parte racional arruma uma desculpa, uma explicação, verdadeira ou não, com o intuito de simplesmente encobrir o fracasso, a frustração. É como se alguém dissesse: "Afinal não há fracasso algum, pois como eu posso querer algo tão sem estímulos? Até mesmo aquela BMW fica tão sem graça, tão vulnerável aos ladrões, que é melhor mesmo não tê-la!"

Do mesmo modo, para contornar a dor do estado de ciúme, é comum se observar pessoas que passam a depreciar os outros, alegando motivos — ainda que inverossímeis — para justificar e esconder sua frustração pela rejeição.

Para que possamos ter um pouco mais de controle, de domínio sobre o "monstro de olhos verdes", é preciso haver uma disponibilidade interna, que nos leve em direção às nossas fraquezas e deficiências de autoestima. É preciso termos coragem de enfrentar este estado amedrontador e procurar, em nós mesmos, a origem de tanto sofrimento. De outra forma, ficaremos sempre escravos da insegurança e do medo, reagiremos quase sempre inadequadamente e criaremos situações que nos tornarão, de fato, abandonados ou mesmo traídos.

Uma situação interessante aconteceu com Oswaldo, um cinquentão bem apessoado e casado pela segunda vez. Tudo ia bem em seu segundo casamento (isto é, "mais ou menos" bem, como sempre! Afinal, há quem afirme que não existe casamento absolutamente feliz!), até que sua filha do primeiro casamento resolveu se casar.

— Você não vai ficar no altar de braços dados com aquela megera, vai?!?! — vociferou Raquel, a segunda esposa, referindo-se, obviamente, à "falecida".

Pronto! Era o que bastava para uma longa e interminável discussão, em que chegou a entrar até a fatídica frase "o que Deus uniu, o homem não separa". Quase se separaram...

O que ocorreu na verdade é uma dinâmica semelhante àquela do Roberto, o psicoterapeuta enciumado. Para Raquel, a presença do marido junto à ex-esposa, à família original, lhe trazia uma enorme insegurança em relação à concretização de seus próprios projetos, que se perderam ao longo de uma série de desencontros afetivos ao longo da vida. Ao se casar com Oswaldo, já com os seus 30 e tantos anos, ela não encontrou espaço para uma relação familiar. Por uma proposta dele (e que ela acreditava, apenas conscientemente, aceitar), o casal vivia intensamente, é verdade, mas não como uma família.

Ela mesma, porém, desejara ter casado cedo, ter constituído uma família, ver realizado o sonho do que é chamado de "ideal do *ego*", mas, na verdade, a realização acontecia para a outra. E com o *seu* marido!

O ciúme, nesse caso, como em muitos outros, é uma pura manifestação da inveja, do desejo de se estar lá presente, no lugar da outra. Lidar com esse sentimento implica uma ampla e profunda reformulação de seu projeto de vida. Implica, até, procurar nas profundezas do inconsciente o verdadeiro desejo, o projeto original que, para Raquel, assim como para muitos de nós, se perdeu pelas circunstâncias desafortunadas do dia a dia.

Nessa questão da inveja relacionada ao ciúme, a psicanalista inglesa Melanie Klein faz uma distinção entre ambos os sentimentos, dizendo:

> A inveja é o sentimento raivoso de que outra pessoa possui e desfruta algo desejável — sendo o impulso invejoso o de tirar este algo ou de estragá-lo. Além disto a inveja pressupõe a relação de um indivíduo com uma só pessoa e remonta à mais arcaica e exclusiva relação com a mãe. O ciúme é baseado na inveja, mas envolve uma relação com, pelo menos, duas pessoas; diz respeito principalmente ao amor que o indivíduo sente como lhe sendo devido e que lhe foi tirado, ou está em perigo de sê-lo, por seu rival.

Dessa forma, Klein acaba por interpretar o ciúme sentido por uma mulher em relação ao seu companheiro como originado da inveja inconsciente da outra mulher, por esta representar a figura materna. Na verdade, essa ideia, sem a explícita comparação ciúme/inveja, já havia sido verificada pelo próprio Freud, naquele mesmo artigo de 1922, em que, discorrendo sobre o ciúme delirante, interpreta-o como uma tentativa de defesa contra um forte impulso homossexual indevido. Freud vê o homem delirantemente ciumento, reprimindo sua homossexualidade latente por intermédio da fórmula: "eu não o amo; é ela que o ama!". Em outras palavras, o homem *projeta* seu amor pelo outro homem na sua companheira, o que faz com que ele sinta inveja dela.

Sob outro ponto de vista, o sentimento do ciúme, ainda que pesem todos os juízos sociais negativos em relação a ele, é menos condenável que o da inveja; portanto, sentir ciúme no lugar da inveja (isto é, na passagem do inconsciente para o consciente, o sentimento sofre uma transformação) nada mais é do que *uma formação reativa*.

Essa formação reativa é um mecanismo de defesa que leva ao consciente um sentimento mais aceitável do que o realmente sentido, que, por sua vez, fica reprimido no inconsciente. O próximo exemplo ilustra bem essa situação:

D. Clara é uma senhora casada há mais de 30 anos, com três filhos homens e sofrendo as angústias de vê-los crescerem e se tornarem independentes dela. O motivo aparente que a levara a procurar tratamento psicológico era a solidão que passara a sentir desde que seu filho mais novo, Fábio, formara-se em Direito e fora fazer um curso de pós-graduação em Londres.

Enquanto isso, D. Clara queixava-se do marido, sempre ausente, preocupadíssimo em levar adiante sua já bem-sucedida carreira de empresário de Comércio Exterior, o que o levava a viajar constantemente. Quando estava em casa, sempre havia um ou outro convidado estrangeiro que ele precisava levar para almoçar ou, principalmente, jantar fora. Sem ela, naturalmente!

Ela fora a mulher típica da "velha geração", aquela que dedicou sua vida aos cuidados dos filhos, sem se dar conta de que eles cresceriam e, fatalmente, iriam embora, por mais que ela insistisse em lembrá-los que "vocês não podem fazer isso comigo, depois de tudo o que eu fiz por vocês!" Mas... eles faziam.

Com o filho mais novo, então, sua aflição era mais sentida. Verdadeiramente não se conformava de vê-lo saindo de casa e tendo uma vida independente.

— Mas, ele ainda é uma criança! — dizia ela, em tom extremamente lamuriento. E completava: — E as meninas, então, ficam todas atrás dele, só porque ele é bonito e a família tem dinheiro, e ele é inteligente, e ele é ingênuo, e ele é uma presa fácil na mão daquelas serigaitas e blá-blá-blá...

Seu apego ao Fábio era intenso, manifestado dessa forma ciumenta, e não se comparava ao que ela sentia pelos outros dois filhos mais velhos e nem pelo marido. Fábio era seu queridinho! — ela mesma fazia questão de salientar isso sempre.

Com o desenrolar de um processo terapêutico, D. Clara passou a falar um pouco mais de sua própria vida, insatisfatória, é claro, pois desde a volta da lua de mel já se dera conta que não era bem este o caminho que deveria ter seguido. Mas, como já estava casada e, logo grávida do primeiro filho, este era um caminho que, para ela, se apresentava sem retorno. As duas primeiras gestações, partos, períodos de amamentação e primeiros anos de vida das crianças transcorreram normalmente. Mas quando ficou grávida do terceiro filho (o Fábio), as coisas já andavam muito ruins para o lado dela.

Só depois de muito tangenciar o assunto, D. Clara "confessou" que chegou a pensar em abortar aquela gravidez, mas um terrível sentimento de culpa levou-a a abandonar a ideia. Também nesse período, o marido ganhou uma bolsa de estudos no exterior, e ela passou a gravidez toda sozinha; até mesmo no parto não havia ninguém para acompanhá-la.

Com esses dados, já é possível perceber que havia algum sentimento, pelo menos estranho, em relação ao menino que nascia. Ele trazia consigo, injustamente, toda a carga de um casamento frustrado, uma vida frustrada, um aborto frustrado... Ele era o próprio símbolo vivo de tudo o que ela mais odiava na vida e, no entanto, era seu filho, bonito e sorridente, sem culpa nenhuma por esses fatos. No inconsciente de D. Clara, tomou corpo um forte sentimento de rejeição pelo menino, mas como ela podia aceitar tão condenável situação? Não, realmente não podia. O sentimento foi, portanto, profundamente reprimido e, em seu lugar, surgiu uma superproteção, um ciúme exagerado pelo garoto.

Esta é a formação reativa: no lugar da rejeição (sentimento real, porém condenável) apresenta-se o ciúme, a superproteção. A formação reativa faz com que apareça, no consciente, a percepção *exatamente contrária* ao verdadeiro sentimento, que, por ser avaliado como inadequado, deve permanecer reprimido.

E aqui, mais uma vez, aparece o sentimento de ciúme como manifestação consciente de outro sentimento, neste caso completamente oposto.

Essas são apenas algumas colocações que procuram explicar a forma inconsciente com a qual nossa mente se articula para dar conta de toda uma estrutura pessoal, sobretudo na presença de um sentimento angustiante como o ciúme.

No decorrer deste livro, voltaremos a falar de outras possibilidades de desencadeamento do ciúme, sob outros pontos de vista psicológicos, além do psicanalítico.

O ciúme no homem e na mulher

Através do paternalismo, e frequentemente de calúnias, os homens tentaram manter não só o que de longa data possuíam, mas também o que recentemente haviam conquistado às mulheres.

Peter Gay

Embora eu quisesse manter ao longo deste livro uma postura humanista, imparcial, verdadeiramente existencialista, a realidade foi logo me mostrando que era preciso abrir certas concessões. Uma delas, acho que a mais difícil, foi ser obrigado a reconhecer que os homens e as mulheres podem ter visões completamente diferentes sobre um mesmo assunto. E isso aconteceu com frequência, durante a preparação deste material. Quase sempre que eu procurava enfocar o assunto "ciúme" com alguma mulher, logo vinha a resposta: "Ah, mas com os homens é diferente!" Do mesmo modo, os homens insistiam em afirmar que as mulheres não só agem de uma forma diferente em relação ao ciúme, como também o sentem de outra forma.

Particularmente, ainda acredito que o sentimento, a afetividade, tem uma só maneira de se manifestar, seja no homem, seja na mulher; o que realmente apresenta diferença é a forma como a pessoa estruturou o seu modo de ser na vida. Aí sim, surgem diferenças, pois a cultura forjou, ao longo do tempo, uma série de comportamentos classificáveis (e, portanto, supostamente desejáveis) como femininos ou masculinos. Mesmo tendo consciência disso, muitos de nós ainda olham meio torto quando seus filhos insistem em brincar de boneca ou aprender balé, ou quando suas meninas querem jogar futebol ou "brincar de luta".

É mesmo bastante difícil desvincular-se da enraizada concepção de que a "força" física e intelectual (ou mental) pertence aos homens, enquanto a "força" feminina se ancora no sentimento, na maternidade, no acolhimento.

Anos e anos de cultura fizeram-nos crer que aos homens pertencem as opiniões, e às mulheres, os humores.

A imagem masculina traz a marca da agressividade, da posse, da verdade e da propriedade intrínseca da razão absoluta. O homem é o guerreiro, sempre com a espada em riste, disposto a lutar por seus bens e suas posses, afastando os inimigos e sempre partindo em busca do alimento e da riqueza.

Já a imagem feminina arquetipicamente possui duas faces. Em uma delas apresenta-se a marca da sensatez, da sensibilidade, da capacidade criadora e criativa, do desejo de acariciar e de ser acariciada, da sedução e do amor; na outra, revela-se um ser conhecedor de segredos inimagináveis, extremamente poderosos e destruidores, amante ardente e ciumenta irrecuperável. A fada de um lado, a bruxa do outro; a santa e a prostituta; a mãe/esposa e a amante.

A palavra grega para "mulher", *gyne,* significava originalmente a parturiente, a mãe, aquela que abriga e acolhe sua prole, sempre em um papel subordinado. Na mesma Grécia, é dado o nome de "histeria", que vem de *hystero* ("útero"), às manifestações psíquicas que não podiam ser sentidas pelos homens. Não havia nenhum caráter pejorativo em atribuir apenas às mulheres esse tipo de doença. Não era uma piada; eles acreditavam mesmo nisso. Para eles, de fato, a histeria era um mal nervoso derivado da migração do útero pelo corpo da mulher, causando malefícios por onde passasse.

A imagem da mulher, nem seria preciso repetir aqui, sempre foi relegada a um plano mais do que secundário, embora sempre se mantivesse oculta a verdadeira razão pela qual os homens, detentores eternos do poder, tanto necessitavam desprezar as mulheres.

Uma forma de se pensar nessa questão é considerar o pavor que o homem cultiva daquela que, em seu inconsciente, detém o verdadeiro poder. Não é preciso nem recorrer a interpretações freudianas para se dimensionar a importância da mulher-mãe no imaginário masculino.

A lenda de Lilith, a primeira mulher, devolvida ao "Serviço do Consumidor Divino" devido à sua insubmissão a Adão, já revela o temor do homem a este ser que lhe escapa ao controle e ameaça dominá-lo. Essa lenda, pouco conhecida da maioria das pessoas, baseia-se em uma omissão, ou mesmo em uma dupla colocação feita pela Bíblia, no Gênesis, quanto à origem da mulher. Num primeiro momento é dito que Deus cria simultaneamente "macho" e "fêmea" e, passado um segundo, é criada Eva, a partir da costela de Adão. Roberto Sicuteri, um analista junguiano italiano, fez um extenso levantamento sobre esse mito da mulher "igual", daquela que não se submetia à Adão e que foi, por isso, desprezada e condenada aos infernos, tornando-se um demônio. Lilith, omitida dos escritos bíblicos (afinal, a Bíblia foi escrita por homens...), aparece com sua força total, não como um demônio, mas como a Deusa que protege as feiticeiras da Idade Média.

Seja nas lendas, seja na realidade, nomes como Lilith, Medeia, Medusa, Dalila, Salomé, Cleópatra, a fada Morgana, Lou Andreas-Salomé, Golda Meir ou Margareth Thatcher, fazem muitos homens se arrepiarem... Há até uma imagem extremamente significativa, originada de um sonho do escritor francês Edmond de Gancourt (1822-1896) e registrada em seu diário, na qual ele presenciava a dança de uma atriz de teatro que, durante os seus movimentos, deixava à mostra "suas partes íntimas armadas com as mais terríveis mandíbulas que se abriam e fechavam, expondo os dentes agudos".

A imagem da "vagina dentada", ainda que de forma pitoresca, resume o medo disfarçado ou sublimado do homem à castração, tanto no sentido real quanto, mais relevantemente, no figurado.

Daí a imperiosa necessidade de sempre se atribuir às mulheres as menores importâncias e o mais insensato (e mentiroso) desrespeito, até mesmo qualificando-a como uma simples propriedade do homem, descrita nas leis de Moisés como aquilo que um homem não deveria cobiçar de outro, como sua casa, seu jumento...

Abro aqui um pequeno adendo, no qual vale citar uma coletânea de pensamentos interessantes sobre a mulher, coletados pelo psicanalista lacaniano Jorge Forbes:

> "A mulher é má. Cada vez que tiver ocasião, toda mulher pecará." (Buda)
> "As mulheres, os escravos e os estrangeiros não são cidadãos." (Péricles)
> "Os melhores adornos de uma mulher são o silêncio e a modéstia." (Eurípedes)
> "A mulher é por natureza inferior ao homem; deve, pois, obedecer... O escravo não tem vontade; a criança tem, mas incompleta; a mulher tem, mas impotente." (Aristóteles)
> "A mulher deve aprender em silêncio, com plena submissão. Não consinto que a mulher ensine nem domine o marido, somente que se mantenha em silêncio." (São Paulo)
> "Os homens são superiores às mulheres porque Deus lhes outorgou a proeminência sobre elas. Os maridos que sofram desobediência de suas esposas podem castigá-las: deixando-as sozinhas em seus leitos e até mesmo golpeá-las." (Maomé)

E a coletânea vai daí pra frente, passando por São Tomás de Aquino, Voltaire, Moliére, Shakespeare, Hegel, Tolstói... até chegar ao búlgaro Elias Canetti, Prêmio Nobel de Literatura de 1981, que diz: "Sua confusão era tal que começou a piorar mentalmente, como uma mulher". Para encerrar essa sessão de misoginia explícita, gostaria de citar a espirituosa frase que o poeta e pregador inglês John Donne (1572-1631) escreveu como epitáfio no túmulo de sua esposa: "Enquanto você repousa, eu descanso".

Com toda essa carga cultural nas costas, é natural que a formação da personalidade da mulher sofra fortes abalos na estruturação da autoestima, que só sua natureza realmente forte consegue superar. E não é fácil vencer uma imagem que lhe é imposta. A psicóloga junguiana Malvina Muszkat, em seu estudo sobre a identidade feminina, apresenta, inconformada, um triste e breve retrato de uma mulher:

> Sua máscara projeta uma imagem correta, adequada e eficiente. As emoções cuidadosamente controladas, os desejos devidamente selecionados, os ideais eficientemente adequados, cumpre suas funções. O corpo ferido, a sexualidade reprimida, o coração perdido, distribuiu um amor contido. Convive com as vicissitudes, sem saber como incorporá-las à sua história. O sucesso e o fracasso confundem-se nela, numa sensação difusa de inadequação. Ataca para mostrar-se viva, defende-se para não morrer. O estupor toma conta de sua alma.

Diante de todo esse quadro de pressão históricopsicossocial a esmagá-la, muitas vezes a mulher se deixa enganar pelo espelho e acredita nele. Carregando o estigma de ciumenta desde a Antiguidade — já que o ciúme é uma fragilidade do caráter e ela é frágil-, é para ela mais tolerante sentir e manifestar esse sentimento, embora se espere dela uma atitude mais "prudente" e, até mesmo, mais "compreensiva".

Para o homem, por outro lado, sempre envolto nas questões de honra e propriedade, a ameaça a esses bens significava uma ameaça a si mesmo, ao seu *ego,* seu amor-próprio. Sempre se esperou dele que se preocupasse com suas coisas, exercendo sobre elas o maior zelo; deixando aí a porta aberta para a racionalização, o eufemismo, que quase sempre esconde o sentimento que lhe atormenta a alma.

Ainda hoje, passada a Revolução Sexual e sua suposta liberação, o ciúme continua profundamente enraizado nas estruturas de poder e posse que se sucederam com o liberalismo. Diz-se que ele assumiu, para ambos os sexos, a forma masculina, traduzida principalmente pela perda de prestígio e de ameaça à honra e à propriedade.

Talvez isso seja mesmo verdade, pois cada vez mais homens e mulheres se aproximam em suas identidades, mantendo seus traços primordiais, mas com o meio social pedindo — e a impessoal, porém imperiosa, "opinião pública" exigindo — que os homens sejam cada vez mais ternos, e as mulheres cada vez mais fálicas.

Isso faz com que sejam mais frequentes as respostas agressivas às situações de ciúme. E, lamentavelmente, agressividade sempre gera agressividade como resposta. É uma espiral sem fim que, se um dos envolvidos não tiver a serenidade suficiente para "pedir um tempo", dar uma trégua na briga, pode até mesmo chegar às manchetes dos jornais, como quase já nos habituamos a ver diariamente.

Surgida recentemente, a chamada Psicologia Evolutiva, baseada exclusivamente em princípios que obedecem a "Teoria da Seleção Natural" de Charles Darwin, e nos estudos que mostram a insignificante diferença de 1,4% entre os genomas do Homem e do Chipanzé, procura demonstrar que a diferença entre as manifestações de ciúme do homem e da mulher se dá por conta da questão da preservação da descendência no homem, que quer ter certeza da paternidade de sua prole e, portanto, apresenta um índice maior de "ciúme sexual", e do investimento de tempo e esforço na criação dos filhos pela mulher, justificando seu "ciúme afetivo", por medo de perder o provedor da "família" para outra fêmea.

Parte II

O inferno do ciumento

Tome cuidado, doce alma
Não cometa perjúrio, pois estás no teu leito de morte.
Confesse livremente teu pecado
Pois negar cada erro com juras
Não poderá remover ou sufocar a forte certeza
Que agoniza dentro de mim. Vais morrer
Ó mulher falsa! Transformas meu coração em
             [pedra e vais fazer-me cometer um assassinato,
                   [quando pretendia fazer um sacrifício.
Ele confessou que te usou.
Mesmo que ele tivesse tantas vidas quantos
             [cabelos tem, minha vingança é para todas elas.
Deita-te prostituta! Não haverá espera.
Desça ao inferno abrasador como mentirosa que és!

William Shakespeare
(De Otelo para Desdêmona, ao matá-la)

6
O ciúme doentio

É coisa mais do que provada não haver ciúme sem loucura. E também sem amor, meu senhor, isso se pode igualmente afirmar. Ora, ciúme é ódio, e de ódio, sempre, o amor está vazio.

Cervantes

Ciúme do irmãozinho, da babá, da empregada, da colega do escritório, dos irmãos, dos pais, da professora, da tia, do marido, da namorada, da ex-mulher, do ex-namorado, de si mesmo...

Enfim, são tantas as manifestações de ciúme por pessoas, e mesmo por objetos, que fica muito difícil compreender a origem dessas situações. Além disso, cada pessoa sente de um modo diferente, manifesta de uma forma peculiar, vivencia do seu próprio jeito! Para alguns, no entanto, esse sentimento acaba tomando proporções que fogem ao que podemos considerar "normal".

Talvez seja apenas uma condição de grau, de quantidade, de intensidade do sentir. Algumas pessoas são mais ciumentas do que outras, é verdade, mas há situações em que essa simples conceituação quantitativa do sentir começa a mostrar que, numa determinada pessoa, o ciúme foge totalmente do seu controle, tomando uma porção considerável de sua vida, senão toda ela.

É realmente difícil precisar em que momento algo deixa de ser apenas exagerado para se tornar doentio. Há uma zona de transição que talvez seja mais conceitual do que perceptiva, mas, de qualquer forma, quando a questão se torna patológica, não há como deixar de reconhecê-la como tal. Menos para o acometido pela situação que, envolvido em sua ideação delirante, não pode perceber essa perda de contato com a realidade.

Partindo dos trabalhos de Freud e de alguns de seus seguidores, podemos classificar o ciúme em três categorias diferentes:

A primeira, que pertence ao plano do ciúme *normal,* tem sua origem em diversos mecanismos inconscientes, os quais visam proteger a pessoa de um sentimento maior de angústia. Dependendo da qualidade da autoestima da pessoa, esse tipo de ciúme pode atingir níveis intoleráveis, embora, via de regra, seja momentâneo e fugaz. Freud estudou melhor o ciúme originado da projeção, vendo no ciumento uma pessoa que simplesmente depositava no outro o seu próprio desejo de infidelidade ou a sua atração homossexual pelo suposto rival.

Uma segunda categoria, que já se poderia pensar como *neurótica,* está lastreada na vivência universal do triângulo edipiano e em suas implicações na competitividade que nasce no indivíduo ao ter que disputar o amor da mãe com o pai, ou, no caso das meninas, do pai com a mãe. Para Fremi, essa competição tinha sempre conteúdos sexuais, e a ameaça da perda do objeto amado, causando dor e aflição, representava, em última instância, o medo da castração. Esse seria o único motivo, dentro da concepção psicanalítica, que poderia explicar tamanho sofrimento e tortura mental, totalmente instalados no imaginário.

Hoje em dia, ainda se pensa no triângulo edipiano como desencadeante de uma série de transtornos neuróticos, mas, mesmo entre os psicanalistas, se discute sua origem sexual. O pensamento mais moderno admite que o perigo da triangulação é, de fato, a ameaça de *exclusão* que a criança pode sentir em relação a seus pais.

Finalmente, em uma terceira categoria, aparece o ciúme *paranoide,* a sua forma mais maligna e delirante, na qual a pessoa tem absoluta certeza de que é traída, mesmo que as evidências mostrem o contrário. Esse tipo de esquizofrenia paranoide foi apresentado por Freud na análise do famoso "Caso Schreber", no qual o médico vienense, ao tomar contato com o livro autobiográfico de Daniel Paul Schreber, chamado *Memórias de um doente dos nervos,* realizou diversas observações sobre elementos psicologicamente esclarecedores da paranoia, além de analisar uma série de conceitos psicanalíticos importantes, como delírios constantes de perseguição e a homossexualidade reprimida na forma de ciúme.

Um bom exemplo de ciúme paranoide é encontrado no filme *Ciúme,* de Claude Chabrol (cujo título original em francês é *L'Enfer* [O Inferno]). Nele, o protagonista Paul é subitamente tomado pela convicção absoluta de que Nelly, sua jovem, bela e extrovertida esposa, tem relacionamentos extraconjugais. Mesmo quando ela faz de tudo para diminuir as possibilidades de eventuais encontros com outras pessoas, ele vê nisso apenas outra manifestação "clara" da culpa dela.

Segue-a, persegue-a, chama-a de mentirosa, agride-a de início verbal e, depois, fisicamente. Nelly até deixa de ir ao centro da cidade visitar sua mãe, e Paul mais uma vez interpreta isso como uma ação provocativa dela, pois agora ela irá traí-lo ali mesmo, no hotel do qual são donos. E irá fazê-lo com um determinado hóspede habitual, depois com qualquer outro e, finalmente, com *todos* os hóspedes.

Levado a um médico na cidade, Paul acredita que ele também faz parte de um complô, junto com Nelly ("Talvez ele tenha um caso com ela também... talvez não, *certamente* eles têm um caso"), que foge de qualquer tentativa de abordagem de ajuda.

O sofrimento de Paul é flagrante, e sua tortura, infinita, assim como o filme, que Chabrol genialmente encerra com a legenda "não fim". A produção cinematográfica já realizou grandes filmes sobre o tema, às vezes em tom humorístico, às vezes em tom alucinante como *L'Enfer*, e chamou à atenção de cineastas de peso como Fellini *(Julieta dos espíritos)* e Buñuel *(Tristana)*. Bille August *(A casa dos espíritos,* baseado no romance de Isabel Allende), Gabrielle Beaumont *(Mulher ardente)* e Bob Fosse *(Star 80)* também produziram obras fantásticas, tanto baseadas na fantasia quanto na realidade, como no caso dos dois últimos, que se basearam na história da modelo que pousou para a *Playboy* e foi assassinada pelo marido.

A história da Maria Emília, que comecei a contar na introdução deste livro, não é um filme, não é ficção. É a vivência realmente tenebrosa de um delírio de ciúme, provocando um conjunto de transtornos na vida da pessoa de tal monta, que muitas vezes é irrecuperável. Ela, por sua condição de mulher esclarecida, ou, mais ainda, apenas por ser mulher e, desse modo, ter socialmente aprendido a lidar melhor com seus sentimentos do que os homens, procurou a ajuda que a pudesse livrar daquele sofrimento infernal. Perambulou por diversos consultórios médicos, psiquiátricos, psicológicos. Agarrou-se firmemente a uma religião e, por um momento, pensou ter encontrado a paz! Mas não! Volta e meia, lá vinha o pensamento obsessivo a atormentá-la. Será que ele me trai?

Mas como, de maneira geral, se processa toda essa mobilização mental? Como funcionam as coisas lá dentro de nossas cabeças, criando esse grande tormento?

7
O ciúme como sintoma de uma doença

Com as agruras de um dia de ciúme, nem pode competir a eternidade.

Campoamor

Ainda hoje, mesmo com os grandes avanços da Psiquiatria, Psicologia, Sociologia e das neurociências em geral, muito pouco se conhece de concreto sobre o funcionamento da nossa mente. Isso porque a compreensão do conceito *mente* compreende o reconhecimento do *ser* como um todo, e não é nada fácil fazer isso.

Há, atualmente, duas vertentes que se propõem opostas na conceituação dos mecanismos de funcionamento do psiquismo. De um lado, temos a chamada Psiquiatria Biológica, que, por meio de múltiplas pesquisas em animais e no próprio homem, tenta demonstrar a determinação química, ou neuroquímica, na origem dos sentimentos e sintomas psiquiátricos. Em 1966, um grupo de pesquisadores norte-americanos fizeram experiências para descobrir uma injeção contra o ciúme, administrando um certo tranquilizante em gatos, animais considerados extremamente ciumentos; segundo relatos, a experiência não deu certo em seres humanos. Do outro lado, está a chamada Psiquiatria Psicodinâmica, que procura compreender o ser humano, sua evolução histórica, seus relacionamentos e seu desenvolvimento com base nas interações de forças psicológicas (daí a denominação "dinâmica").

Como quase toda questão de opinião, há sempre aqueles que defendem veementemente esta ou aquela posição, e ouvi-los muitas vezes nos dá a impressão que estão corretos. Mas com quem estará a razão, a verdade?

Mesmo que os pontos de vista sejam inteiramente opostos, sempre há pontos de intersecção entre eles, e desprezar qualquer ideia logo de início, sem que se tenha um conhecimento mais preciso, não me parece algo sensato.

Assim como as ideias chamadas "biológicas", propostas por Donald Klein, têm ganho muito campo hoje em dia, principalmente pelos seus desdobramentos através da supressão de uma série de sintomas (e mesmo sentimentos!) em função do uso continuado de certos medicamentos, há o outro lado da moeda, o lado, digamos, mais "romântico" da compreensão da vida psíquica, que, apesar de ter-se estruturado há mais de cem anos, com as pesquisas de Sigmund Freud, ainda apresenta um modelo aceitável para entendermos como se desenvolve todo um processo de vida mental.

Além disso, há que se considerar os fatores sociais e culturais, que desempenham papel fundamental na compreensão das vivências pessoais.

Assim tem acontecido com o conhecimento psiquiátrico! São muitas as opiniões, contradições e ideias, mas não há nada ainda de definitivo sobre o assunto e, talvez, a resposta esteja justamente na síntese de todas elas, ou em nenhuma delas, sabe-se lá!

Enquanto os estudiosos se digladiam em polêmicas academicistas, pessoas como Maria Emília sofrem sua dor sem resposta objetiva.

Paranoia? Esquizofrenia? Delírio sistematizado primário? Parafrenia? Pouco importa o nome que se dê a um sofrimento tão impalpável quanto este, da alma, do espírito, da mente.

Para quem o sofre, assim como para muitos outros, a ajuda só pode ser possível com a união de todos. Família, marido, médico, psiquiatra, psicólogo, padre...

Só o apoio inicial e o trabalho psicoterapêutico e medicamentoso que se sucederam foram capazes de trazer alívio a Maria Emília. A infância desastrosa, o casamento desastroso, as experiências de vida desastrosas, algum provável neuro-hormônio desastroso, tudo junto, e mais alguma coisa ainda inexplicável, foram responsáveis por aquele quadro. Como no pensamento gestáltico, o *todo* é muito mais que a simples soma das *partes*.

Sob o ponto de vista exclusivamente médico, o ciúme pode aparecer como manifestação de algumas doenças que comprometem o psiquismo humano. É importante que o cônjuge, os amigos e os familiares de uma pessoa que apresente sinais claros de ciúme exagerado estejam atentos para outros sinais que possam significar um quadro psiquiátrico grave.

Em uma pessoa que o leigo reconhece como tendo "complexo de perseguição", pode aparecer, em meio aos delírios de que está sendo maltratada na escola ou no trabalho, ou que está sendo vítima de intrigas de amigos e colegas, a ideação de que a esposa ou o marido a trai com o melhor amigo. Ou com todos os amigos! E mesmo com desconhecidos...

Nesses casos, o quadro clínico completo também apresenta um certo alheamento dos acontecimentos importantes à sua volta, uma concentração obsessiva na ideia delirante e, às vezes, até alterações dos sentidos, as chamadas "alucinações", em que a pessoa vê coisas que não estão lá, ouve vozes e sente cheiros. São quadros importantes (pode ser uma esquizofrenia, por exemplo) que, quanto mais cedo se iniciar o tratamento psiquiátrico e psicoterapêutico, maior é a possibilidade de se obter resultados satisfatórios de melhora e cura.

Há, no entanto, uma situação particular de ciúme delirante que acomete pessoas que fazem uso abusivo do álcool. Os alcoolistas, como são hoje chamados, costumam ter um comportamento quase padrão e, embora se discuta muito até a origem genética do alcoolismo, não há dúvida de que eles acabam por ter grandes problemas físicos, psíquicos e sociais.

A famosa desculpa "bebo porque tenho problemas" é encarada como "tem problemas porque bebe". Na realidade, ambas são verdadeiras, e atrás de um alcoolista quase sempre se esconde alguém deprimido e desesperançado. Ele é um prisioneiro do presente, pois seu passado geralmente é uma coleção de fracassos e seu futuro não lhe oferece muitas perspectivas. O próprio presente é desastroso, de modo que não lhe sobra muita coisa. "Sobra beber!" — acreditam eles.

Nessa roda viva paralisada, sua vida conjugal torna-se também um estorvo, pois desaparecem a potência sexual, o interesse e o brilho das coisas. Pode surgir, então, o "monstro dos olhos verdes" em sua forma mais demoníaca, e o ciúme delirante se instala com força total, piorando terrivelmente o clima familiar que já não era dos mais favoráveis. Esse não é um quadro comum, mas é frequente e seu tratamento requer muitos cuidados.

O ciúme também pode aparecer como um sintoma em outras situações. Há, por exemplo, as de uso abusivo de drogas, nas quais o inconsciente se liberta frequentemente, deixando transparentes todas as fragilidades e inseguranças do drogadito.

Este capítulo deve servir como um alerta a pais, cônjuges, familiares e amigos de pessoas que podem ter escondida, atrás de um ciúme aparentemente inocente, alguma patologia mais grave. Na verdade, o ciúme é, nesses casos, tão avassalador que não tem nada de inocente, nem mesmo para o mais apaixonado defensor do ciúme como um sentimento absolutamente normal!

8

Do sonho ao pesadelo: a evolução do ciúme na crise

Ciúmes são tempestades de suposições e suspeitas, levantadas pelas mesmas paixões que supõem defender.

Sóror Maria de Agreda

O ciúme, em seu polimorfismo, adquire os contornos de cada época, de cada cultura, e os parâmetros para caracterizá-lo como doença não são fixos, principalmente em situações limítrofes. Mas o sofrimento é uma medida exata e anuncia quando o ciúme deixa de ser normal e causa mal-estar, repetindo-se obsessiva e compulsivamente, até arruinar a vida da pessoa.

Uma pessoa se torna ciumenta devido a uma série de circunstâncias que vão desde uma instabilidade emocional passageira (por causa de alguma questão particular em resolução) até situações mais complicadas, em que o nível de tensão se torna tão elevado, que não mais é possível à pessoa utilizar-se de seus mecanismos habituais de adaptação e defesa, caindo assim em uma verdadeira crise.

A crise, que não é um processo neurótico nem psicótico em si, se apresenta como uma situação na qual a pessoa, diante de um determinado obstáculo mais grave na sua vida (uma perda importante, por exemplo), sofre uma grande instabilidade e labilidade das emoções, com a consequente perda da capacidade racional e do controle emocional. Nessa situação, antigos "fantasmas" do passado vêm assombrar sua vida, levando-a a misturar situações atuais com traumas antigos (reais ou imaginários), sem conseguir clarear essa confusão.

Uma característica importante da crise é a sua temporalidade, ou seja, ela é circunscrita a um espaço de tempo que, transcorrido, ou passa, ou se cronifica em um quadro clínico mais definido, aí sim neurótico ou psicótico. Mal comparando, é como se fosse uma gripe, um processo virótico decorrente das constantes alterações climáticas que, passados alguns dias, ou se cura sozinha, ou se complica, podendo tornar-se uma bronquite ou pneumonia.

Waldo é um jovem dentista que conheceu sua mulher em uma situação bem peculiar. Cybele era a melhor amiga de sua esposa na época, criadas juntas desde os tempos do jardim de infância. Ela também era casada, mas o destino lhes reservava uma peça. Waldo e Cybele, num dia qualquer, numa festa que reunia vários casais, se perceberam olhando um para o outro de uma forma estranha. Havia algo no ar, mas nem um nem outro queria acreditar no que estavam sentindo.

O tempo foi passando, e ambos procuraram esconder de si mesmos aquele sentimento que insistia em permanecer vivo no coração de cada um, até que, de certa forma casualmente (ambos levaram seus filhos ao pediatra no mesmo dia), acabaram por ter um encontro e se revelaram profundamente apaixonados um pelo outro.

Durante um bom tempo mantiveram uma relação paralela em segredo, mas os sentimentos, de amor por um lado, e de culpa por outro, acabaram levando-os a tornar público seu relacionamento e, como não é difícil de imaginar, foi um caos...

Graças a um amor profundo, a uma paixão cinematográfica, eles enfrentaram todas as terríveis forças da malfadada "opinião pública", e encontraram recursos internos para viver uma fascinante história de amor.

Vencidas as barreiras e rompidos os relacionamentos anteriores, Waldo e Cybele passaram a morar juntos, construindo uma vida em comum.

A cumplicidade entre ambos era imensa, pois se sentiam isolados da família e da sociedade, e foram aos poucos reconstruindo suas vidas. "Suas vidas" não, pois, devido às circunstâncias, consciente ou inconscientemente, fizeram um conluio de construir, juntos, "uma vida só". Esqueceram-se apenas de um detalhe: por mais que se deseje ou precise, duas pessoas jamais serão uma só. Afinal, por natureza, cada pessoa é um indivíduo; é um só, podendo, no máximo, compartilhar de sua vida com o outro.

Aos poucos, Waldo começou a sentir que Cybele, apesar de apaixonada e dedicada, tinha também sua vida própria e, mais do que isso, sua luz própria, aquela mesma luz que o encantou. Ela era uma mulher bonita, mas sem nenhuma exuberância. Emanava uma energia mágica, indefinível, algo como o antigo *daimon* ("demônio") dos gregos, que depois ganhou a conotação de "força interna". Em nosso folclore afrobrasileiro, essa emanação de energia interna (com fortes traços de sexualidade) é comumente interpretada como se a pessoa que a possuísse fosse acompanhada por uma entidade espiritual, a chamada "pombagira". Toda essa energia que Cybele possuía acabava conferindo-lhe traços demasiadamente marcantes, como sua personalidade forte, sua autodeterminação e seu profundo senso de independência. Para melhor assimilar essas características, podemos compará-la à descrição que a psiquiatra americana Natalie Shainess faz da fortíssima figura mitológica de Antígona, a filha mais velha de Édipo, que o acompanhou no exílio após a fatídica revelação:

> A submissão é coisa que ela jamais aprendeu. Antígona não se resigna a aceitar as coisas como elas são. Está disposta a lutar contra a ordem vigente, arriscando-se a tomar uma posição baseada em um engajamento ético. Encara sua ação como o cumprimento de um mandado divino, chamando a si própria de "pecadora de um

pecado santo". Seus atos têm um componente espiritual além de um componente ético, e é vivificante, mesmo que possa ter como consequência sua morte.

Cybele deixava, sem que o percebesse e nem o soubesse evitar, que essa energia vazasse por todos os poros de sua pele, dando-lhe uma moldura encantadoramente sedutora. Voltando à figura da pombagira, é como se, ao olhar para ela, sempre vestida de negro e/ou vermelho, fosse impossível não ser tomado por um misto de interesse, mistério e perplexidade. E isso era percebido por todos, inclusive por Waldo, que fora, muito provavelmente, atraído também por essa energia.

Ele também era um rapaz bonito e alegre. A sua carreira profissional ia muito bem e ele vivia com toda a intensidade.

Eis que, num certo dia, vítima de uma fulminante doença cardíaca, morre o pai de Waldo. Isso o abalou profundamente, pois ele o considerava o verdadeiro "pai herói", o único que o apoiou desde o início de sua relação com Cybele. Para Waldo, foi um choque muito grande, uma perda indefinível.

Desde esse momento, Waldo tornou-se mais quieto, pensativo, refletindo o tempo todo sobre essa perda. Mas a vida precisava ser tocada, e ele se lançou ao trabalho com uma grande intensidade, deixando um pouco de lado sua vida pessoal e conjugal.

Num certo dia, em uma festa de aniversário infantil, Waldo percebeu que o pai de uma criança olhava fixamente para Cybele. Olhou para ele, e, em seguida, para ela, que, distraída, cuidava dos filhos, e, como que num relâmpago, (re)percebeu toda aquela sua luminosidade.

Pronto! Bastou a consciência dessa percepção para Waldo se sentir ameaçado, enciumado, desconfiado. Os pensamentos passaram a girar em sua cabeça e um terrível sentimento de perda passou a assombrá-lo, "Afinal, se ela já tinha traído o marido uma vez, comigo mesmo, por que não poderia fazer isso de novo? Claro que poderia..."

Desse dia em diante, os sentimentos de perda e abandono foram se avolumando. Vivendo frequentemente de mau humor, Waldo passou a não se concentrar direito no trabalho, a brigar com Cybele por qualquer motivo tolo, a ralhar com as crianças... O próximo passo foi restringir as amizades e colocar obstáculos a qualquer empreendimento que Cybele quisesse realizar sozinha. Qualquer um que conversasse com ela era um paquerador contumaz, um "ladrão de mulheres" em potencial.

— Olha que esse cara está querendo ter um caso com você! — dizia ele, quando, em seu trabalho de enfermeira, Cybele recebia algum presente de agradecimento de algum paciente.

Desconfiava de tudo e de todos. Vasculhava sua bolsa; pegava a extensão do telefone; telefonava várias vezes por dia para o hospital e, se por qualquer motivo ela não pudesse atendê-lo, ele chegava a abandonar o que estava fazendo e ia até lá para "confirmar" se ela estava realmente trabalhando! Se não a encontrasse rapidamente, procurava por ela em todas a alas do hospital, até encontrá-la e desferir-lhe perguntas, com um tom violento, sobre onde ela estava, com quem, fazendo o quê? Chegava a falar que ela devia estar se "envolvendo" com alguém em alguma sala vazia da enfermaria.

Cybele, que era realmente fiel por amor, não tinha mais como demonstrar que não havia nada, que tudo era produto da imaginação dele, que ela o amava profundamente e que nada, nem ninguém, iria separá-los. Ninguém a não ser ele mesmo, que, ao tornar a vida de ambos um inferno, acabou por destruir todo aquele sonho nascido da cumplicidade. Tanto fez Waldo, que o amor acabou!

E Waldo perdeu Cybele!

Muitos "Waldos" irão ler essa história e se identificar com o protagonista. Alguns se sentirão motivados a refletir sobre seu comportamento em relação às suas "Cybeles", evitando assim que o casamento chegue a um triste final. Perceberão que, talvez, esse seu comportamento nada mais é do que reflexo de alguma crise pessoal em andamento, e procurarão ajuda familiar, religiosa, terapêutica, ou até de amigos, para solucioná-la. E é exatamente esse o nosso intento.

Outros, no entanto, ao ler essa história, não terão dúvida alguma em chegar para suas companheiras e bradar: — Aqui está! Veja isto! Encontrei a prova definitiva de que você está tendo um caso com este maldito psiquiatra!

9

O ciúme destruidor

Ó ciúme turbador da tranquila paz amorosa!
Ele é punhal que mata a mais firme das esperanças!

Cervantes

A grande sensação da conferência anual do Royal College of Psychiatrists, realizada em Londres no final de julho de 1992, foram as discussões sobre a "Síndrome de Otelo". O psiquiatra Dinesh Bhugra, professor do Instituto de Psiquiatria de Londres, coordenou durante a conferência um treinamento específico para atendimento de "Otelos". Ele afirmou que há mais de 30 ou 40 anos a literatura médica contém estudos sobre essa síndrome. Ao levar o nome do personagem de Shakespeare, ela caracteriza aquelas pessoas que sofrem de um tipo específico de paranoia, e cujo ciúme doentio atinge altos graus de agressividade física, chegando até mesmo ao assassinato e/ou ao suicídio.

Otelo, ainda que pese a grande força literária de Shakespeare, é o protagonista de um grande drama humano, talvez guardado no mais profundo do nosso inconsciente, pois, além da peça do dramaturgo inglês, inspirou nomes como Dvorak, que compôs uma abertura para a peça, Verdi, Rossini, o pintor romântico Eugéne Delacroix e o cineasta Franco Zeffirelli, além de tantos outros, demonstrando assim a grande ressonância dessa tragédia.

Nela, o mouro de Veneza, Otelo, mata sua mulher Desdêmona por estrangulamento, desesperado pelo adultério que pressente. Depois, enterra um punhal no próprio peito e morre beijando os lábios gelados de sua esposa morta. Estava errado, um engano causado por uma mente doentia e instigado pelas insinuações maldosas de Iago, que não lhe permitia perceber a realidade, levando a considerar um simples lenço como um indicativo de prova cabal da infidelidade da esposa.

Os psiquiatras ingleses notaram que nos últimos anos tem havido um aumento do número de pacientes sofredores dessa síndrome. Em um estudo realizado na Austrália, chegou-se à conclusão de que ela é mais frequente em sociedades capitalistas, afetando sobretudo os homens, embora não seja uma exclusividade masculina.

A avaliação desses quadros, levando em conta a questão social, procura mostrar que as sociedades capitalistas, marcadas pela competição, pela posse, pela tensão e pelo desemprego inerentes ao modelo econômico vigente, tornam as relações afetivas mais tênues por um lado, e mais sujeitas a sofrer o rebote do efeito social frustrador por outro. Como se fosse um mecanismo de deslocamento, o indivíduo que se vê ameaçado pela sociedade quanto à realização de seus desejos de consumo e posse transfere essa situação para a frágil relação afetiva, concretizando nela toda sua raiva e agressividade.

Embora Shakespeare tenha criado um personagem masculino, essa situação apresenta-se também nas mulheres, em menor grau. Ainda que bastante parecidos, homens e mulheres, "Otelos" e "Otelas", trazem características marcantes nos casos extremos. Além de comumente estar mais envolvido com o mercado de trabalho (e, portanto, mais sujeito às tensões dele decorrentes), o homem é mais carnal, agressivo e invejoso. Tende a evitar relações compromissadas e procura, consciente ou inconscientemente, manter esses aspectos reprimidos. Já as mulheres têm na relação afetiva um grau maior de comprometimento e expressam mais seus sentimentos desde o início; com isso, elas evitam a "fermentação" do ódio que, nos homens, acaba explodindo totalmente fora de controle.

O psiquiatra cearense Mourão Cavalcante, em seu excelente livro sobre o ciúme patológico, escreve:

> Já me deparei com um homem que só passou a manifestar ciúme depois que ficou desempregado e a mulher começou a sustentar a família. Ou, quando a mulher passa a ganhar mais do que ele. Até por um modelo cultural, essas são situações que fragilizam o homem e deixam abertos os caminhos para que se instalem sentimentos de perseguição. Ele vivencia esta experiência como se estivesse perdendo o controle da situação.

E realmente ele perde o controle! Em uma pesquisa solicitada ao Banco de Dados do jornal *Folha de S.Paulo,* foram identificados inúmeros casos de crimes passionais. Muitos deles cometidos também por mulheres, embora a elas pareça mais reservado atos de mutilação do que propriamente o homicídio. Uma recente reportagem da revista *Veja,* ao comentar um crime passional de repercussão nacional, revela que de cada 100 homicídios cuja causa é passional, 32 deles são cometidos por mulheres, sendo que elas geralmente contratam outra pessoa para a execução do ato em si.

Uma situação que ainda não se tornou rotineira, mas que já apareceu por mais de uma vez na imprensa, é a mutilação do pênis do companheiro, como vingança ou como caráter preventivo contra novas infidelidades.

Entre nós, um caso que se tornou conhecido na época foi o ocorrido em dezembro de 1995, quando um estudante de Engenharia da USP assassinou a colega de classe que amava, atirou no namorado dela e se suicidou em pleno *campus* da Universidade.

A violência que marca essas situações é um fator intrigante e assustador. Quase sempre inesperado, o ato violento surge em pessoas que antes apresentavam um comportamento geralmente discreto e suave. Ao ler as notícias em jornais e revistas, é comum observar comentários de parentes e amigos do assassino manifestando sua perplexidade com o ocorrido.

Tentar explicar esse fenômeno não é nada fácil, pois são muitas as variáveis envolvidas. Há desde elementos biológicos, como por exemplo uma disritmia cerebral, até contradições psicodinâmicas, as quais permitem ao indivíduo manter reprimidos seus instintos agressivos com tanta intensidade (proporcional à força destes) que, em situações limites, a explosão se dá na mesma proporção.

As pessoas habitualmente violentas, agressivas física ou verbalmente, paradoxalmente têm mais controle nessas situações. Pode-se daí concluir que o frequente exercício dessa agressividade mantém o *quantum* energético em equilíbrio constante. Já os pacatos, os "mansos", por manterem toda sua agressividade reprimida, não conseguem suportar a torrente energética represada quando do rompimento das barreiras que acumulavam antes da situação limite.

O psiquiatra argentino Dalmiro Bustos disse-me uma vez: "Cuidado com os mansos!", referindo-se a toda carga de agressividade acumulada ao longo dos tempos por aqueles que não sabem lidar com sua própria e natural força de reagir às frustrações.

As questões relacionadas à perda do objeto amado receberam um sem-número de estudos psicológicos, desde o clássico trabalho "Luto e melancolia", de Freud, até colocações mais recentes de Winnicott e Bowlby.

Observações clínicas do psiquiatra inglês John Bowlby, que estudou detalhadamente os aspectos psicológicos dos vínculos afetivos, demonstram que muitas pessoas, por não terem recebido quando criança uma dose suficiente de atenção e cuidado dos pais, seja por que motivo for, inclusive por morte de um deles ou de ambos, desenvolvem uma forma "falsa" de ser na vida, escondendo de si mesmas toda a raiva e a depressão fortemente marcadas por ansiedade e angústia, dirigidas àqueles que não souberam ou não puderam supri-la do amor necessário à formação da personalidade, como veremos em capítulo posterior.

A evolução natural do *luto,* isto é, dos sentimentos que permeiam uma situação de *perda* afetiva, passa desde uma total perplexidade diante do acontecido até o limite de uma *raiva* mal dirigida, tanto a quem abandona (ainda que morto) quanto a qualquer outro objeto em que possa ser projetado.

Na perda afetiva por rompimento de uma relação amorosa, a pessoa pode se ver envolvida por essa raiva passada na infância e, projetando-a em quem a ameaça abandonar, dar vazão ao instinto agressivo, ao instinto de morte, e realmente matar quem a deixa. Quase sempre essa situação é seguida por um profundo arrependimento, que pode levar o agressor a dirigir sua revolta contra si mesmo, suicidando-se.

Essa base de "carência afetiva" será marcante em toda a existência da pessoa, sendo atribuído a ela um considerável número de desordens emocionais apresentadas pelos adultos, podendo, em alguns casos, determinar falhas gritantes de personalidade, que levam o indivíduo a comportamentos nitidamente delinquentes e antissociais. Para essas pessoas, verdadeiros pacientes psiquiátricos (e aí, mesmo atribuindo ao fator social uma grande responsabilidade, não há como negar que se trata de uma doença), o final quase sempre é dramático e, quando chegam a um tratamento, geralmente são trazidos por familiares ou pela própria polícia.

Parte III

Os gigantes da alma

De tudo, ao meu amor serei atento
Antes, e com tal zelo, e sempre, e tanto
Que mesmo em face do maior encanto
Dele se encante mais meu pensamento.

Quero vivê-lo em cada vão momento
E em seu louvor hei de espalhar meu canto
E rir meu riso e derramar meu pranto
Ao seu pesar ou seu contentamento

E assim, quando mais tarde me procure
Quem sabe a morte, angústia de quem vive
Quem sabe a solidão, fim de quem ama

Eu possa me dizer do amor (que tive):
Que não seja imortal, posto que é chama
Mas que seja infinito enquanto dure.

Vinícius de Moraes
("Soneto da fidelidade")

10

A parte viva do ser: os sentimentos

Eles estão jogando o jogo deles.
Eles estão jogando de não jogar um jogo.
Se eu lhes mostrar que os vejo tal qual eles estão,
quebrarei as regras do seu jogo
e receberei a sua punição.
O que eu devo, pois, é jogar o jogo deles,
o jogo de não ver o jogo que eles jogam.

R. D. Laing

Por mais que a ciência e a filosofia tentem conceituar o ser humano como um animal racional, é inegável o poder dos sentimentos em nossa vida.

Sem querer entrar no mérito das longas discussões entre a dialética da razão e a paixão, é sempre bom lembrar a famosa frase atribuída a Pascal, que diz "o coração tem razões que a própria razão desconhece"! Mesmo alardeando a toda parte que é absolutamente racional, o ser humano não consegue escapar da força imperdoável de seus sentimentos que, embora muitas vezes ocultos no inconsciente, determinam o seu jeito de ser, a sua personalidade.

É muito comum observarmos pessoas que têm uma postura crítica em relação a tudo, procurando sempre assumir um ar poderosamente intelectual, racional, que chega, de fato, a assustar seus interlocutores. Se nós nos aprofundarmos um pouco mais nessas pessoas, acabaremos por descobrir seres extremamente solitários e infelizes, prisioneiros das próprias armas e armaduras com as quais tiveram de se munir para, na verdade, se defender dos outros. Isso porque lá em seus inconscientes, são muitas vezes medrosos e fracos, e sofrem de uma torturante fantasia de que, se deixar o outro se aproximar muito, serão facilmente destruídos.

O poder da afetividade, isto é, do conjunto de nossos sentimentos e emoções, está presente em toda a parte, e muitas vezes faz com que tomemos grandes e inesperadas atitudes. Um bom exemplo disso é, na minha opinião, a história de Eduardo VIII, o Príncipe de Gales dos anos 30. Homem bonito e vaidoso, elegante e influente, o cobiçado herdeiro do trono inglês abdicou de tudo pelo amor a Wallis Simpson, uma americana divorciada duas vezes, com quem viveu fielmente ao seu lado, até os 80 e poucos anos de idade.

As más línguas procuram encontrar uma explicação racional, política, para esse fato, dizendo que, devido às simpatias de Eduardo pelo regime nazista que se implantava na Alemanha, ele fora obrigado pelo Parlamento inglês a abandonar a sua privilegiada posição. Verdadeira ou não, essa hipótese não explica a longa duração de seu casamento com Wallis.

Este é apenas um exemplo simplista, até mesmo folclórico nos dias de hoje, mas que, pela sua significância na época, marcou profundamente uma geração. Hoje em dia, o amor de Charles por Camilla não tem o mesmo *glamour,* embora cause igual impacto. Afinal, como pode o Príncipe de Gales, ainda que "feio e sem graça", trocar sua linda e charmosa esposa Diana pela "feia e velha" Camilla?

Não há, pois, como negar que a afetividade penetra em todos os aspectos da atividade humana, influenciando decisivamente a percepção, a memória, o pensamento, a vontade e, principalmente, as ações que executamos, como última escala na gama de encadeamentos de funções psíquicas.

São os sentimentos os "gigantes da alma", que, como defendeu Jean Paul Sartre, o grande filósofo existencialista francês, dão todo o colorido à nossa existência e são absolutamente providos de sentido, pois sempre dão uma resposta pessoal a uma determinada situação. Pouco importa, na concepção sartreana, se essa resposta é adequada, racional, ilógica, contraditória ou absurda, pois as emoções não têm por objetivo a real adaptação da pessoa às circunstâncias, podendo até mesmo serem nocivas ou fatal à sua existência. Se a linda mocinha, na primeira fila do *show* de *rock* mais esperado do ano, desmaia quando é beijada pelo guitarrista, não importa. Importa sim, para Sartre, a intensidade do sentimento, a repercussão intensa que atinge o mais profundo da alma e explode como um espetáculo de luzes iluminando a existência (mesmo que, como no exemplo citado, acabe por "apagar" a consciência). Não há, então, um objetivo para o sentimento. Não há, como já disse anteriormente, um "pra que sentir isso". Apenas se sente!

A. L. Nobre de Melo, um erudito psiquiatra carioca, afirma que "o aspecto afetivo [...] representa a base do psiquismo, pois abrange tudo o que há de mais fundamental na estruturação da conduta e das reações individuais".

Mas, enfim, o que são os sentimentos? Como se originam e como se manifestam?

É realmente bastante difícil encontrar uma conceituação, uma definição para os sentimentos. Talvez porque seja algo que transcenda ao nosso poder de compreensão e, ao se querer traduzir para a razão o que não é dela, fica-se com um vazio enorme, uma sensação de incompletude total.

Grandes teóricos do comportamento humano chegam a definir sentimento apenas por exclusão de outras funções psíquicas; ou seja, o que não é percepção, pensamento, pragmatismo, intuição ou vontade, é sentimento. Outros tentam ir um pouco além, e afirmam que sentimentos são estados afetivos duráveis, revestidos de tonalidades intelectuais e morais, não acompanhados de manifestações físicas, como ocorre nas emoções. E é nas emoções que os teóricos acabam por se desdobrar em descrições pormenorizadas e classificações enfadonhas, que fogem em muito da verdadeira naturalidade humana.

Na verdade, uma ideia que deve ser levada em conta é a da *cognição*. Sob o ponto de vista psicológico, cognição é como um conhecimento pessoal de um determinado fato, baseado exclusivamente na vivência que se tem dele. É como se, ao ser questionada sobre o que é um cachorro, uma criança que tenha sido mordida por um enumerasse uma série de atributos negativos ao animal, pois o seu conhecimento dele, sua "cognição", elaborou-se em condições desfavoráveis (conscientes ou inconscientes).

Assim aconteceu com um cliente meu, José Renato, solteirão de 40 anos, que afirmava, "com todo o conhecimento de causa", ser o casamento uma instituição falida. Mesmo se sentindo triste em sua solidão, considerava-se feliz por não ter que "dividir a pasta de dentes com ninguém". Atribuía esse pensamento não só à péssima experiência de casamento de seus pais, como também à sua acurada observação dos casamentos de antigos amigos íntimos, que eram sempre um fracasso.

Na análise, José Renato pode se aprofundar um pouco mais em suas memórias e fantasias, chegando a se descobrir absolutamente intimidado pela figura feminina, representada na infância por sua mãe austera e dominadora, que o ameaçava e lhe aplicava frequentemente castigos físicos cruéis e desmoralizadores. Em seu íntimo, José Renato desenvolveu uma *misoginia,* bonito termo de origem grega que quer dizer, simplesmente, "horror às mulheres". Embora ele tivesse vida heterossexual ativa, seus relacionamentos eram sempre marcados por fortes traços de sadomasoquismo, em que lhe era extremamente prazeroso provocar sofrimento às mulheres.

Este exemplo não só torna mais compreensível a ideia de cognição como também demonstra a importância dos pais (principalmente da figura da mãe) na formação dos conceitos que ficam cunhados em nosso inconsciente. Tais conceitos serão fundamentais para a afirmação da personalidade da criança, para os seus futuros sentimentos.

Do ponto de vista psicanalítico, Freud e seus seguidores partem do princípio de que há apenas dois sentimentos básicos na criança recém-nascida: prazer e desprazer, ou, como querem outros, satisfação total ou insatisfação total.

Partindo dessas ideias, fica fácil perceber que, para a criança bem pequenina, não importa se ela sente fome, frio ou dor, pois o que ela sente, na verdade, é simplesmente desconforto, insatisfação, desprazer. Cabe à mãe, ou a sua substituta, "adivinhar" qual é esta necessidade e tratar de saná-la, ou não, complicando muito as coisas para a criança mais tarde!

Na teoria do Psicodrama, que é uma abordagem psicológica criada pelo médico romeno J. L. Moreno, esse papel exercido pela mãe é chamado de *ego-auxiliar*, no qual uma espécie de outro *eu* é "emprestado" à criança com a finalidade de perceber, de identificar por ela, a causa de seu desconforto e sanar o problema.

No exercício dessa função tão delicada, a mãe começa a "ensinar" ao filho o que é que ele sente, percebe, quer... E é aí, exatamente aí, que está a origem dos sentimentos. É por esse aprendizado que o pequeno ser começa a delinear seus reais desejos, suas possíveis respostas aos estímulos provindos do meio ambiente, seus alcances e limites, enfim, sua personalidade.

É claro que o ser humano não é totalmente uma tela em branco, uma massa disforme e indiferenciada, pois ele já nasce com uma série de características inatas, herdadas de alguma forma, que lhe dão aqueles traços basais chamados de *temperamento*. Já apresentados nos primeiros dias de vida, eles demonstram se a criança é expansiva ou retraída, agitada ou passiva, sorridente ou carrancuda. Como se dá a herança dessas características ainda é um mistério para a ciência, mas é inegável que a criança já nasce com essa carga energética, o que leva a fantasia de muitos a atribuir esse acontecimento aos astros, às vidas passadas ou a qualquer outra influência mística. Não que isso não possa ser verdadeiro, mas à luz do considerado verdadeiro conhecimento científico da atualidade, está totalmente descartada qualquer influência sobrenatural na determinação das características humanas. Aliás, se já é tão difícil aceitar até mesmo os determinantes psicológicos, o que dizer dos metapsicológicos, parapsicológicos ou sobrenaturais!

Dentro desse contexto, portanto, são as inúmeras experiências emocionais vividas na tenra infância que fazem com que a criança aprenda, não a sentir, mas a identificar aqueles estados emocionais vividos em diferentes situações como sentimentos diversos: amor, alegria, raiva, ódio, receio, tristeza, afeição, rejeição, orgulho, vergonha. Esses são sentimentos que podemos classificar como simples, primários, fundamentais, pois surgem espontaneamente a partir das corriqueiras experiências de frustração ou realização. Com o amadurecimento, aprendemos a elaborar as frustrações, isto é, conseguimos desenvolver uma capacidade de renúncia que permite "apagar" a raiva gerada pela não obtenção do objeto desejado. Para se chegar a esse estado de renúncia, há um longo caminho de maturação e desenvolvimento. Alguns estudiosos, como Jung, por exemplo, acreditam que isso só é possível a partir de uma certa idade cronológica, em torno dos 40 anos! (Eis um alento aos quadragenários: ainda temos esperança!)

Há, por outro lado, uma série de sentimentos de maior elaboração que, embora possam surgir na infância, são mais característicos, ou pelo menos, mais explícitos, em uma fase posterior do desenvolvimento.

A partir da análise de conteúdos vivenciais, é possível se caracterizar o pesar (desprazer intenso, motivado pela nítida consciência da perda irreparável) distinguindo-o da tristeza simples (em que, ao humor deprimido, se agrega a perda da capacidade de reação, advindo daí uma atitude de desalento, de entrega passiva ao sofrimento, com tonalidades de resignação e dor). Já o desgosto é uma variedade do pesar em que se manifesta um quê de revolta contra a injustiça e o sofrimento resultante, características que se tornam mais marcantes quando acompanhadas da perda total da esperança de reparação, que, em um grau mais elevado, pode ser considerado como desespero.

Repugnância é um estado afetivo mais elaborado, em que o sentimento de repulsa e aversão se manifestam por intermédio da náusea, como forma de expressão do nojo. O júbilo (desencadeado por um acontecimento gerador de orgulho e expectativa de reconhecimento e festejo) é distinto da alegria pura, embora a contenha em sua complexidade. Compartilha desse grupo de sentimentos o fenômeno do ressentimento, que é ainda mais complexo, pois envolve uma gama maior de emoções fundamentais em sua estruturação, como injustiça, humilhação, depreciação, e é acompanhado geralmente de atitudes de vingança, rancor, ódio, ou mesmo ciúme.

11
A visão biológica do sentir

Se dermos mais atenção [...] ao aumento da autoconsciência, a lidar mais eficientemente com nossos sentimentos aflitivos, manter o otimismo e a perseverança apesar das frustrações, aumentar a capacidade de empatia e envolvimento, de cooperação e ligação social, o futuro pode ser mais esperançoso.

Daniel Goleman

    Numa visão bastante ampla e, portanto, muito superficial do assunto, pode-se ter uma ideia básica do funcionamento mental entendendo-se o cérebro humano como sendo composto de três partes, embora duas estejam juntas, formando o "cérebro antigo". A parte mais antiga, o hipotálamo, regula os hormônios e as ações reflexas. O sistema límbico, ou paleocórtex, como é chamado, governa as emoções e o comportamento compartilhado por todos os mamíferos. Essas porções mais antigas têm a função primordial de tornar o animal hábil para sua sobrevivência, alojando em si o instinto primário de luta ou fuga.

    A evolução histórica mostra que nossos antepassados humanoides, a partir de sentimentos primitivos, desenvolveram outra porção cerebral. Essa terceira parte, chamada de neocórtex, é responsável pelo pensamento, compreensão, conceituação e comunicação humanas.

    Nos últimos anos, impulsionados por enormes investimentos da indústria farmacêutica, pesquisadores tentam demonstrar a ação de certas substâncias, tipo neuro-hormônios ou neurotransmissores, chamadas de catecolaminas na transmissão dos impulsos por meio das células nervosas (os neurônios), determinando assim traços específicos de nossa personalidade, e até mesmo na gênese de nossos sentimentos.

O núcleo da hipótese biológica do funcionamento da mente reside nas brilhantes descobertas científicas realizadas nos últimos anos. Desde 1953, quando dois cientistas americanos, James Watson e Francis Crick, conseguiram demonstrar a estrutura molecular do DNA, a ciência não para de fazer novas e espetaculares descobertas nesse campo. O DNA (sigla em inglês para "ácido desoxirribonucleico") é a substância estrutural de nossos genes transmitida por uma série de mecanismos hereditários de transformação. Uma vez em nosso organismo, o DNA comanda um complexo processo de formação de certas proteínas que, por sua vez, determinarão todas as nossas características. A cor dos nossos olhos, por exemplo, depende da produção de uma substância específica, determinada pelo código genético. Quanto maior a produção desta tal substância, mais escura é a cor da íris; a pouca produção determina os olhos claros. No limite do "biologismo", poderíamos também considerar que há genes responsáveis pelo gerenciamento do estado de ciúme, por exemplo: quanto maior a produção de uma substância X, menor a capacidade de sentir ciúme, ou vice-versa.

Portanto, assim é o mecanismo biológico: genes (DNA) comandam a síntese de proteínas que determinam as características. Normais e anormais. Anormais? Como assim? Por exemplo, existe uma doença chamada idiotia fenilpirúvica, que se caracteriza por, entre outras coisas, um grau variável de retardo mental, causado pelo metabolismo deficiente de um aminoácido, a fenilalanina (é por isso que se coloca aquele intrigante aviso nas latinhas de refrigerante *diet*: "ATENÇÃO FENILCETONÚRICOS: CONTÉM FENILALANINA"). Esse metabolismo deficitário é originado por um gene, recebido hereditariamente, que determina a formação de uma substância inoperante para esta função, o que leva ao depósito anômalo do aminoácido no cérebro, causando o retardo.

Outro exemplo de "biologismo" dos nossos sentimentos é o representado pela ação da adrenalina, uma substância bastante conhecida e que é liberada no organismo nas situações de sobressalto. Duas outras aminas semelhantes à adrenalina, que são a norepinefrina e a serotonina, já têm um papel importante nas questões relacionadas ao humor, aquele estado basal que nos predispõe a sentir todo o resto dos sentimentos.

Existem várias experiências realizadas com animais, principalmente macacos, que mostram a evidência da ação das aminas nos comportamentos estudados. Uma delas, particularmente muito interessante, foi realizada pela equipe do Dr. Michael McGuire, psiquiatra da Califórnia especializado em comportamento animal (Etologia). Nesse experimento, observou-se a hierarquia de dominância em bandos de um tipo de macaco criado em cativeiro. Os pesquisadores notaram que, em cada bando, havia um macho em cuja corrente sanguínea era detectado um nível sensivelmente alto de serotonina (a amina da moda), cerca de 50% maior que o encontrado nos outros machos do bando. Verificou-se ainda que, em qualquer situação, o macho de nível de serotonina alto era o líder do grupo.

O mais extraordinário dessa pesquisa foi a constatação de que os níveis de serotonina alteravam-se caso houvesse alguma mudança no *status* do bando. Assim, ao afastar o líder do grupo, os pesquisadores notaram que um novo macho emergia como líder e (pasmem!) o seu nível sanguíneo de serotonina se elevava cerca de 60%, enquanto o do macho afastado caía pela metade. Se devolvido ao bando, o antigo líder reassumia seu papel em pouco tempo, e mais uma vez os níveis de serotonina se alteravam, a mais para ele, e a menos para o líder-substituto, que voltava à sua posição de submisso.

Um dos quadros clínicos bastante divulgados atualmente é a chamada "Síndrome do Pânico", na qual a pessoa tem uma série de sintomas físicos desconfortáveis, aliás *bem* desconfortáveis, a ponto de ela julgar que está tendo um ataque cardíaco e que vai morrer. Isso, evidentemente, nunca acontece de fato, embora a sensação seja tão apavorante que a pessoa é levada muitas vezes de madrugada a procurar por um pronto-socorro. Nesse quadro, já está provada a ação da serotonina e, provavelmente, de outras catecolaminas, e o tratamento medicamentoso serve como uma prova de que, se houver mais aminas disponíveis no organismo, por meio de drogas controladas, a crise de pânico não acontece, então é ela mesma, a serotonina e sua turma, quem provoca a síndrome.

Eugênia, uma linda moça de cerca de 28 anos, me procurou certa vez no consultório, sofrendo desse mal. Ela já havia lido em jornais e revistas sobre a popular "Síndrome do Pânico", e sabia mais sobre o assunto do que eu mesmo. Até a medicação apropriada e sua dosagem eram do domínio dela. Ela só não dominava as crises, que insistiam em se repetir com uma frequência grande e intolerável. Embora eu me desdobrasse em tentar lhe mostrar que o grau de insatisfação no qual ela estava levando a vida pudesse ser um fator determinante nestes quadros, seu raciocínio matemático de engenheira não permitia outra alternativa que não a medicação. Em princípio relutei, mas, como "contra os fatos não há evidência", acabei por concordar com ela, e a mediquei.

Foi um sucesso! Em pouco tempo, as crises haviam diminuído de frequência, logo depois de intensidade e, finalmente, desapareceram. Só que a sua aparentemente inexplicável e insuportável insatisfação com a vida e o seu constante "mau humor" não foram embora com as crises. Mas, para o que ela queria, o remédio funcionou! Controlados medicamentosamente os níveis das aminas, a crise cessou. Isso faz mesmo acreditar que todo o transtorno seja causado por alguma disfunção neuro-hormonal, embora a base pessoal, psicológica, possa simplesmente ficar "anestesiada" pelo remédio.

Apesar disso, tal raciocínio é discutível, pois ainda não se sabe claramente o que é causa e o que é efeito. Sente-se pânico porque a serotonina é insuficiente ou a serotonina se torna indisponível porque se sente o pânico? E o macaco? É líder porque tem a serotonina elevada ou a serotonina se eleva ao assumir a liderança? Parece aquele comercial do biscoito, mas esta é, ainda, a grande dúvida de muitos pesquisadores.

Talvez algum dia, um pesquisador mais exaltado descubra que o ciúme é derivado de alguma biotoxina, ou qualquer outro tipo de catecolamina, que realmente *envenena* o sistema nervoso do indivíduo. E mais ainda, alguém invente uma medicação para tratá-lo, algo assim como *Ciumol, Ciumranil* ou *Ciuzac!*

Os pacientes que sofrem de casos patológicos de ciúme, aqueles com uma forte conotação paranoide, realmente se beneficiam em muito da utilização de medicamentos chamados neurolépticos, cuja principal função é bloquear pensamentos delirantes anulando a ação de certas catecolaminas.

Uma versão mais *soft* dessa ideia já encontra muitos adeptos nas propostas do médico inglês Dr. Edward Bach, que, de 1928 a 1936, se dedicou à pesquisa dos poderes de cura de remédios formulados a partir de extratos de flores: os famosos "florais de Bach". Para os casos de ciúme, há quem prescreva um composto chamado *holly*, que se dispõe a agir sobre a polêmica glândula do timo, ampliando o aspecto mais universal do amor!

Nessa linha bioquímica de pensamento, há também que se considerar a aromaterapia, termo cunhado pelo químico francês René Gattefossé, que publicou seu primeiro livro a respeito dos efeitos terapêuticos dos aromas em 1928. Com essa perspectiva — a de que os aromas podem realmente interferir na bioquímica do organismo —, o médico inglês Dr. Keith Souter recomenda "um banho de imersão em um preparado com óleo essencial de rosas, duas a três vezes por semana, que pode promover maravilhas na resolução do sentimento de ciúme", que ele mesmo considera a mais destrutiva das emoções humanas, por colocar em risco a própria vida de quem a sente.

Para os adeptos da Psiquiatria Biológica, tais estudos não merecem sequer uma consideração mais piedosa, sendo ridicularizados em nome do "saber científico", pois a metodologia utilizada não segue os rigores das posturas acadêmicas.

O "saber oficial" tem, hoje em dia, seu objetivo voltado muito mais para a descoberta e a identificação das tais catecolaminas, consideradas a "pedra filosofal" do conhecimento mental. Já há vários trabalhos publicados, principalmente nos Estados Unidos e na Inglaterra, que reforçam as evidências de que os níveis basais de serotonina, tanto em macacos quanto em seres humanos, são determinados geneticamente.

Até hoje, já foram detectadas quase 200 aminas diferentes e ainda não está bem clara a ação de cada uma delas nas diversas modalidades da nossa atividade psíquica. Para alguns pesquisadores, já é óbvia a associação dos níveis de serotonina com a questão da autoestima das pessoas. Eles chegam mesmo a afirmar que, quanto maior a disponibilidade deste neurotransmissor no organismo (determinada geneticamente), maior a autoestima do indivíduo e, portanto, maior a sua segurança em relação ao mundo, aumentando com isso suas chances gerais de sucesso, seja em que aspecto for! Se levarmos em conta essa afirmação, podemos chegar à precipitada conclusão de que o estado de ciúme, em sua forma natural e sofrida de ser, é passível de tratamento medicamentoso. E olha que há quem pense assim!

Talvez realmente exista um complexo sistema químico, no qual drogas ajam e interajam, em nível intra e/ou extracelular, determinando nossos sentimentos. No dia em que alguém provar isso, saberemos definitivamente que não somos nada além do que uma extraordinária máquina química. Extraordinária sim, porém uma máquina, apenas!

É interessante notar que, ainda no início de sua carreira, Freud, dedicando-se então à neurofisiologia, chegou a publicar um trabalho em que descrevia detalhadamente o quadro clínico da tal "Síndrome do Pânico", que ele chamou, na época, de estado agudo da Neurose de Ansiedade. Suas conclusões o levaram a acreditar na origem biológica de tais sintomas. Em numerosos outros artigos publicados posteriormente, Freud abandonou por completo estas concepções fisiológicas.

Mas, e afinal, somos biológica ou psicologicamente formados? É uma frase prontíssima, mas desde a Antiguidade se diz que o homem é um ser *biopsicossocial* e, portanto, não podemos deixar de considerar a interação de todos esses fatores na gênese e no desenvolvimento de nossa personalidade.

Mesmo naquela experiência do Dr. McGuire sobre a liderança entre os macacos, fica a insinuação de que os níveis de serotonina não determinam toda a história: os machos dominantes possuem outras características, notadamente de fidelidade social, que os tornam líderes. Isso apareceu quando um macaco que tomou uma droga estimuladora dos níveis de serotonina alcançou um posto apenas intermediário na hierarquia, mesmo superando o líder em quantidade serotominérgica.

12
Os sentimentos essenciais

Seria este o conteúdo próprio de minha vida: substituir minha crua e indisfarçada insegurança pela insegurança do sábio que, conhecendo, permanece sempre desconhecido.

Herman Hesse

Mesmo vivenciados com intensidade, todos os sentimentos já comentados são ainda, em uma escala existencial, menos estruturados que os relatados a seguir.

A partir deles, ou melhor, por entre eles, forma-se um conjunto particular de sentimentos altamente complexos que são, essencialmente, os pilares da existência humana. São os verdadeiros "gigantes da alma", que, assim como os quatro cavaleiros do Apocalipse, também se apresentam na forma de quatro espectros indissolúveis da qualidade de ser humano. São eles a insegurança, o medo, a ansiedade e a angústia.

- **A insegurança**

Certa vez, quando eu ainda era residente de Psiquiatria, ouvi de um professor uma frase que me marcou profundamente: "Seguro é o homem que sabe de sua insegurança."

Confesso que levei alguns anos para compreender exatamente o que ele queria dizer, pois os manuais clássicos de Psiquiatria afirmavam, com convicção, que segurança era uma posição básica para a vida, uma vez que não permitia às situações mais habituais da existência se constituírem em ameaças permanentes e mortais.

Lembrando Ronald Laing, um psicanalista existencial inglês e um dos pais do movimento que foi chamado na década de 1970 de "antipsiquiatria", é fácil reconhecer que o nascimento biológico é um ato definitivo, onde o organismo infantil é lançado ao mundo, inaugurando um conjunto de processos rapidamente progressivos que culminam com o nascimento existencial do bebê como um ser real e vivo, que, com o passar do tempo, adquire sua autenticidade, identidade e autonomia, indispensáveis para o exercício saudável da vida adulta.

Seria isso segurança? Não! Pois, embora tenha sobrevivido aos primeiros momentos de sua existência de uma forma saudável (?!), adquirindo assim um total domínio sobre o que pensa, o que quer, o que percebe e o que sente, a pessoa sempre estará sujeita às vicissitudes do mundo que, se não é necessariamente hostil, também não é um mar de rosas, sem nenhum intercurso inesperado. Portanto, acredito que é possível se ter um domínio de nossas funções egóicas básicas, isto é, um domínio sobre o EU, mas é impossível se ter o controle completo sobre os destinos da vida.

D. Nair, uma melancólica e querida cliente de 70 anos, entre as muitas reclamações que fazia da vida, sempre trazia uma frase de efeito para explicá-las, e uma delas cabe muito bem nisso que estamos falando: "O homem propõe, e Deus dispõe", dizia, justificando todos os desacertos de sua existência.

E daí vem o sentimento de insegurança que permeia nossa vida o tempo todo. Simplesmente porque não podemos prever com exatidão o futuro. Não nos é permitido estar absolutamente assegurados de todas as intempéries existenciais. Vivemos, na verdade, às escuras, tendo apenas como referência nossos próprios sentidos e o bom-senso de caminhar por trilhas mais ou menos bem definidas, mas nada nos garante que "em se plantando, dá!" (outra frase preferida de D. Nair).

Como conviver com essa insegurança, então? Apavorados, escondidos debaixo de muitos cobertores e diversas camas!? Não, não é bem assim... O que nos é permitido desenvolver no lugar dessa utópica segurança é um sentimento definido por Moreno, aquele do Psicodrama, como *espontaneidade,* no qual a pessoa desenvolve a capacidade de agir de modo adequado diante de situações novas, criando sempre uma resposta inédita, renovadora ou mesmo transformadora de situações preestabelecidas.

Ser espontâneo não é o que parece de imediato. Não é sair por aí fazendo o que dá na "telha", usando e abusando da propriedade da inadequação. A esse modelo, Moreno chama de *idiota espontâneo.* Ser espontâneo é ter a convicção de que se está preparado para os acontecimentos da vida, pois estes se constituem em "riscos" e não em "ameaças permanentes". Viver em uma cidade metropolitana como São Paulo ou Rio de Janeiro é, como dizem alguns, viver perigosamente. Correm-se riscos diários, ameaças eventuais. Ser espontâneo é conviver com esses riscos, sabendo de sua exigência, precavendo-se no limite da liberdade, mas sem viver ameaçado permanentemente.

É algo assim como a própria ideia da morte. Sabemos que ela está lá, nos esperando, em algum momento, de alguma forma, mas não precisamos ficar pensando nela todo dia; é justamente por saber da sua existência, que devemos viver a vida em toda sua plenitude, lembrando que "na vida, cada dia que passa não é um dia a mais... é um dia a menos!" (mais uma das frases preferidas de D. Nair).

Sem dúvida, a manifestação exacerbada da insegurança merece um cuidado maior e mais dedicado. Confunde-se muitas vezes com a autoavaliação subestimada que muita gente faz, não reconhecendo em si nenhum valor. É a chamada autoestima que está atingida. Essas pessoas fazem uma imagem distorcida de si mesmas, e elas se sentem sem o direito de estar presentes na vida, ou então sentem pouco direito de usufruir dela. É como se faltasse um "habite-se" para a sua existência. Essa é uma questão tão delicada que lhe reservaremos um capítulo mais adiante. Entretanto, desde já, é importante ter clara a distinção entre uma baixa autoestima e a natural insegurança que a vida nos impõe.

Um relacionamento afetivo, estruturado em casamento ou não, possui em si a segurança da eternidade? É óbvio que não, mas muitas pessoas insistem na ideia de que "se o amor verdadeiro é eterno, eterno será o relacionamento!" Isso não é verdade, embora até possa ser, para alguns poucos privilegiados. O que ocorre, na maioria das vezes e com a maioria das pessoas, é que a relação se mantém estável e satisfatória pelo tempo em que ela for cuidada, isto é, enquanto houver a preocupação constante e saudável de manter viva a chama de um relacionamento, por meio do verdadeiro diálogo e da compreensão mútua. Mesmo assim, não há garantia absoluta da "eternidade" da relação!

João Carlos, um médico de 40 e poucos anos, é casado com uma mulher quase 15 anos mais nova. Bonita, atraente e charmosa, Maria Rita é, segundo ele, realmente de "parar o trânsito". Ele se orgulha dela, de sua beleza e inteligência, e sabe que ela desperta a cobiça em muitos homens. Diz que confia nela, mas, sobretudo, confia nele mesmo, ou seja, ele se preocupa com o fato de que a qualquer momento algo possa acontecer e transformar a sua vida, como por exemplo Maria Rita conhecer alguém apaixonante e ir embora; para João Carlos, a vida é mesmo uma caixa de surpresas... e a única forma de se conviver com essa instabilidade da vida é manter-se estável consigo mesmo.

Para muita gente, essa aparente segurança pode parecer até arrogância, mas, na verdade, João Carlos apenas sabe dos *riscos* que corre e não os transforma em *ameaças* imediatas. Ele sabe que pode perdê-la para outro homem ou para a própria vida, mas sua espontaneidade lhe permite conviver com isso, sem se apavorar ao ver em cada homem que olha para ela um competidor em potencial.

Nesse caso, a instabilidade inerente à própria vida, cheia de seus acasos, é substituída pela condição de espontaneidade, que permite simultaneamente estar tranquilo quanto ao futuro e preocupado com ele. Só que essa preocupação é profundamente trabalhada na própria relação, tentando manter acesa a chama do amor que une duas pessoas. João Carlos e Maria Rita estão casados há mais de dez anos e têm lá os seus problemas, como todo o mundo, mas nunca fecham as portas para um diálogo franco e aberto sobre seus sentimentos, desejos, medos e inseguranças.

Minha própria experiência como psicoterapeuta me mostra isso diariamente. Cada vez que entrevisto um paciente novo, absolutamente não sei o que vem junto com ele, qual a carga de sofrimento que ele traz; em princípio, nem mesmo sei como tratá-lo. Mas à medida que o diálogo se desenvolve, posso ir encontrando com ele o caminho que nos levará ao seu tratamento. Embora eu tenha alguns anos de estudo e experiência, não tenho em minha estante um livro chamado *Paciente X,* que me dê todas as coordenadas a seguir. No entanto, sinto-me livre para pesquisar, perguntar, vasculhar, descobrir os mistérios da vida de meus pacientes, simplesmente porque me dedico integralmente a cada uma dessas pessoas e comprometo-me com o seu restabelecimento psíquico.

Mesmo assim, sem traumas, me sinto inseguro!
E você, não?

- **O medo**

O medo é um sentimento natural, pois tem como função nos proteger do perigo real, levando-nos ao afastamento de situações ameaçadoras e de outras potencialmente arriscadas.

Alguns observadores da natureza humana chegaram a fazer do medo o núcleo do comportamento humano. Na opinião deles, "é o medo que movimenta o mundo". Regimes políticos autoritários conseguiram se manter no poder durante muito tempo pela imposição do medo e do terror aos seus submissos e assustados cidadãos. A própria cultura judaico-cristã exerceu seu poder sobre os homens amedrontando-os, mostrando-lhes um Deus assustadoramente severo e punidor, e os advertia, dizendo: "Terás temor de Jeová, teu Deus..." (Deut. 10:20). A ameaça do Juízo Final, então, com a condenação eterna dos pecadores ao inferno, é algo de arrepiar!

Na educação das crianças, somente há pouco tempo, e ainda sem muita convicção, tem-se substituído o temor aos pais e aos mestres pelo respeito e admiração. Afinal, é realmente muito mais fácil dominar uma criança amedrontando-a, do que perder um tempo enorme ensinando-lhe uma relação de igualdade e respeito pelos limites e desejos de um e de outro. São clássicas, ainda que hoje em dia em desuso, as figuras do bicho-papão, do homem do saco, do boi da cara preta. Isso sem falar da famigerada e há muito tempo abolida palmatória, ou mesmo da famosa surra de cinto ou chinelos, ainda bastante usada.

Discutir educação infantil não é, em absoluto, o nosso propósito neste momento, mas o uso da força física geradora de medo na criança me parece muito mais um mecanismo inadequado de autoafirmação, de demonstração leviana do "veja quem é que manda aqui!", do que um processo educativo propriamente dito. Acredito mesmo que atribuir à sagrada tarefa de educar a responsabilidade por desatinos intempestivos dos pais nada mais é do que o puro exercício da racionalização, já descrito em capítulo anterior.

Há, portanto, um imenso contingente religioso-sócio-político-cultural a permear a história arquetípica do desenvolvimento humano, sendo natural, então, ter-se uma estrutura potencialmente fóbica no interior da alma de cada um de nós. E é aí que está o grande problema! Forma-se uma sombra de medo, impregnando e tingindo a profundeza da alma humana, como que a dar um tônus basal em nosso psiquismo. Para quem entende um pouquinho de computador, é como um arquivo oculto registrado no *config.sys,* que sempre faz parte da programação. Todos os outros programas irão funcionar por sobre essa configuração básica, sem mesmo se dar conta disso. E o que isso implica? Implica uma sensação inexplicável de medo, de retraimento, que acaba por marcar todas as atividades da pessoa. Os verdadeiros agressores ficam escondidos no inconsciente, e o que atravessa a barreira da repressão é apenas esse sentimento não identificável. E por não ter, no plano da consciência, um objeto real ameaçador, o medo acaba se deslocando para o que lhe aparecer à frente... ou não aparecer.

Os maiores medos que se apresentam são quase sempre do desconhecido, do imaginário, da escuridão. Como ter medo de algo que não se conhece, se nem mesmo tem-se a noção do grau de ameaça que pode oferecer? É que, na verdade, ao temer-se o desconhecido, o que se teme é o conhecido reprimido que se projeta no futuro, como um filme (invisível aos olhos do consciente), porém firmemente aderido à tela da imaginação.

Catarina, uma moça de 20 e poucos anos, recém-formada em Medicina, procurou-me no consultório sofrendo da doença da moda, a Síndrome do Pânico. Tratada com a medicação adequada, ela logo melhorou bastante dos sintomas somáticos, mas persistia um certo desconforto indecifrável em seu espírito.

Depois de algumas sessões de psicoterapia, Catarina me revelou seu imenso e intenso medo da morte, sentimento cultivado desde a infância. No seu imaginário, estar morta significava o total isolamento em uma sala absolutamente escura, sem nenhuma perspectiva de poder sair dali e, ainda por cima, estar sujeita ao ataque dos mais variados tipos de animais, principalmente cobras e escorpiões. O mais curioso é que, nestas terríveis circunstâncias, Catarina se via com a consciência preservada, isto é, viva!

No desenrolar de cenas associadas a essa imaginação, que é chamada no psicodrama de "realização simbólica", ela se lembrou de uma passagem na infância, em que havia ficado presa no celeiro de uma fazenda de alguns amigos, com quem fora passar as férias de verão. Ficara lá sozinha por várias horas, mesmo depois de escurecer, sem que ninguém desse por sua falta. Aliou-se ao medo real dos perigos oferecidos por aquela situação uma dinâmica familiar na qual Catarina era, de fato, a filha preterida em relação a seus irmãos mais jovens, dois homens.

A compreensão de que seu medo da morte estava associado, no inconsciente, a uma forte sensação de rejeição da família trouxe a ela muito alívio do sintoma de pânico, mas abriu a porta de um mito familiar que era, até então, intocável. No processo terapêutico que se seguiu, passamos um longo tempo elaborando a frustração do desamor dos pais e a consequência psicológica mais sofrida desse fato, que foi a estruturação de uma imagem de si mesma muito aquém da real, uma ferida profunda em sua autoestima, o que, por sua vez, a tornava frágil e, por isso, presa fácil de sentimentos de amedrontamento.

Aliás, o medo da morte é um sentimento muito comum nas pessoas em geral, mas, aparentemente de forma paradoxal, é sobretudo presente nos médicos, daí valer-se da interpretação de que, na escolha da profissão, prevaleceu a intenção inconsciente de se armar, por meio dos pseudoconhecimentos da Medicina, contra esse inimigo tão terrível.

Essa observação eu mesmo pude constatar nos anos em que lecionei Psicologia Médica para os alunos da Faculdade de Medicina da USP. Quando abríamos a questão da escolha da profissão, depois das racionalizadas respostas de que foram motivados pelo amor ao ser humano, sempre surgiam interesses mais mesquinhos, como a procura da fama, poder e riqueza. Finalmente, só depois de muito trabalho psicológico, aparecia o inevitável confronto com a figura esquálida da Senhora de Negro!

Em um trabalho recente, apresentado pela psicóloga Mônica Andreis em sua dissertação de mestrado em Psicologia Clínica na USP, esse tema foi bastante explorado e, em suas conclusões, ela deixa bem claro o quanto é assustador o confronto diário do médico com a morte, ao contrário do que a mitificação leiga acredita. [Apenas como curiosidade, existe um antigo estudo epidemiológico o qual demonstra que os médicos são os profissionais que apresentam maior índice de suicídio. E, só complementando, o suicídio é, muitas vezes, uma resposta do tipo da formação reativa, isto é, teme-se tanto a morte e sua imprevisibilidade, que se assume a posição de determinador dela. É como se, com este ato, se matasse a morte.]

O medo do imaginário é, sem dúvida, a mais torturante forma de atuação desse sentimento, que existe com a finalidade natural de nos proteger contra os efetivos perigos que ameaçam nossa existência.

No plano desse medo não natural, são várias as formas disfarçadas em que ele pode se manifestar: a modéstia, a prudência, a preocupação, o pessimismo, o ceticismo, o escrúpulo, a mentira e, principalmente, a timidez. Na verdade, são todos máscaras, eufemismos para o medo que se oculta no inconsciente. Diz-se "não natural" porque não há um objeto real, concreto, ameaçando a pessoa naquele momento, mas é óbvio que este objeto ameaçador está presente para o medroso, o tempo todo, em seu inconsciente.

No plano patológico, ou seja, doentio, esse medo pode se manifestar de outras formas mais complexas ainda, dando origem às fobias, como no caso daquela minha paciente Regina, que passou a ter claustrofobia (medo de lugares fechados) como mecanismo de *deslocamento* de sua vida enclausurada.

O próprio ciúme, em sua ampla e profunda complexidade, tem em sua formulação uma alta dose de medo. Medo da perda, da traição, da competição, do outro, de si mesmo...

Nos medos do imaginário, não há recurso lógico que possa demonstrar ao medroso que não há perigo de fato.

"Força! Coragem! Reaja!" São inúmeras as ordens imperativas ou conselhos que se costuma dar aos medrosos. Mas nada adianta se, de fato, não for removida a verdadeira causa do medo, escondida nas profundezas do mundo interno.

Apesar de tudo isso, sentir medo diante de uma situação ameaçadora, antes de ser um ato de covardia, é um procedimento instintivo e adequado, que vai colocar em alerta vários outros sentidos de nosso organismo, organizando-os para uma resposta satisfatória à situação emergencial. O medo natural serve como um aquecimento *(warm up)* para os motores emocionais se colocarem em funcionamento, planejando assim uma ação estratégica de fuga ou enfrentamento do real perigo.

- **A ansiedade**

Na visão dos existencialistas, o homem é o único animal capaz de refletir sobre si mesmo, de antecipar-se, de "futurizar" o presente. Ele naturalmente cria expectativas em relação ao que está por acontecer e, como consequência direta disso, sofre ansiedade.

A ansiedade é aquele sentimento de várias e opostas qualidades, às vezes agregado ao medo, às vezes, à alegria; sente-se ansiedade enquanto se espera que determinado fato, temido ou desejado, aconteça. Um primeiro encontro afetivo ou de negócio, uma visita ao médico, uma prova na escola, uma palestra em público, a chegada de um parente de viagem, a aproximação de uma viagem de férias programadas. Estes são apenas alguns exemplos de situações que, estando por acontecer, geram aquele "friozinho" na barriga, aquele arregalar dos olhos, um sorriso suspenso no ar, a respiração ofegante... um longo silêncio...

Não há quem não sinta uma certa dose de excitação diante da aproximação temporal de algum acontecimento. Até mesmo a perda do sono na véspera de um fato esperado é muito frequente. Nas crianças, esse fenômeno encontra-se facilmente identificado na algazarra da turma de uma escola que visita o zoológico, por exemplo.

Pode-se dizer que essa situação é anormal? É patológica? Eu acredito que não, embora a maioria dos estudiosos sempre associe a ansiedade a uma expectativa nociva, a um temor à integridade física e/ou psíquica do indivíduo, enfim, a um estado de tensão.

Há que se diferenciar os dois estados em que a ansiedade se manifesta. Por um lado, ela pode ser um tormento constante e um campo fértil para o imaginário se manifestar, despertando assim uma variedade de fantasias desastrosas;

mas, por outro, ela é como uma mão que nos empurra pelas costas em direção àquilo que desejamos.

Rosana, estudante de pós-graduação em Ciências Sociais, se define como uma pessoa ansiosa. Ela percebe que em tudo o que faz há uma dose de expectativa e vontade que se realize logo. Apesar de essa ansiedade lhe trazer algumas "dores de cabeça", no geral, ela mais ajuda que atrapalha. Isso porque, para ela, a ansiedade é uma "mola propulsora" de suas ações no mundo, empurrando-a para a frente. Esse sentimento a leva a lutar pela realização de seus sonhos, na medida em que existe a sensação de que não há tempo a se perder. É preciso ir para a frente, pois a vida passa logo.

Vivendo dessa forma, Rosana, aos 32 anos, já realizou a maior parte dos sonhos de sua vida. É casada, mãe de dois filhos, tem um bom emprego em uma Universidade, desenvolve um trabalho acadêmico interessante, e está terminando o doutorado.

Para alguns pesquisadores, notadamente organicistas como Kurt Goldstein, a ansiedade representa um processo psicofísico vital, que traduz uma reação global do organismo a determinados estímulos, vivenciados como ameaça à integridade da pessoa. Nesse aspecto, Nobre de Melo concorda com ele, associando o estado de ansiedade a fatores organicamente determinantes, como por exemplo a asfixia, e chegando até a apresentar determinadas regiões cerebrais como sede de fenômenos inibidores ou provocadores da ansiedade.

O próprio Freud, nos primeiros anos da psicanálise, viu a ansiedade como o resultado de um processo puramente biológico. Mais tarde, ele mesmo descartou totalmente essa hipótese, passando a considerá-la um sinal de excesso de energia no *ego* e, finalmente, sucumbiu à ideia de que ela era uma reação a uma situação traumática.

Algumas pessoas, de fato, vivem ansiosas o tempo todo, mesmo sem consciência clara desse estado. Nelas, a ansiedade permeia todos seus atos e atitudes, e se denuncia em gestos rápidos e assustadiços, irritação permanente e mau humor explícito. Ela é refletida em situações banais do cotidiano e gera, por fim, um estado permanente de inquietação que é, por sua vez, o terreno fértil para a instalação de um *stress*.

É claro que o *stress* tem uma configuração bem definida e envolve um estado ou condição em que o organismo fica alterado como um todo. O seu conceito está intimamente ligado ao nome do médico Hans Selye, que, quando ainda era estudante de Medicina, ficava impressionado com tantos sintomas vagos e nada específicos que alguns pacientes apresentavam. Eles iam desde uma sensação maior de cansaço inexplicável até febre e infecções que não saravam.

Mas afinal, o que é *stress?* A palavra é inglesa e, em linguagem simples, significa "tensão", "esforço". O termo foi emprestado da Engenharia e da Física, nas quais cientificamente representa a soma de todas as forças que agem contra uma resistência.

Quando se fala que uma pessoa está estressada, isso pode significar desde um estado emocional predominantemente tenso, até uma situação de crise vivencial intensa, em que a pessoa perde o domínio sobre a própria vida, chegando à estafa mental e, até mesmo, à impossibilidade de exercer suas atividades cotidianas. Em todos esses casos, é possível identificar uma causa imediata, algum fato traumático (fisico ou psíquico) recente. Os americanos elaboraram até uma listinha de fatores estressantes, como a perda de um ente querido (em primeiro lugar, o filho, e, em segundo, o cônjuge), o casamento, o divórcio ou a separação, o desemprego, uma doença grave, a aposentadoria, as perdas importantes de maneira geral, etc.

Algumas fases naturais da vida, como a adolescência, a meia-idade, a senescência (velhice, mesmo), são consideradas situações potencialmente críticas, pois são períodos em que ocorrem grandes transformações, exigindo da pessoa uma readequação de seu modo de vida.

Fica claro que, embora determinadas pela ansiedade, essas situações são bem particulares, com fortes características de descompensação psicológica, e estão longe daquele sentimento natural de ansiedade que antecede a um acontecimento da vida.

Portanto, acredito que se possa falar em ansiedade normal de um lado, e em ansiedade como resposta a uma situação traumática, ou potencialmente de risco do outro. De qualquer forma, é esse sentimento de ansiedade nosso companheiro inseparável, presente em muitos momentos da vida, se constituindo em mais um dos gigantes da alma!

- **A angústia**

Embora muita gente, inclusive especialistas, utilize os termos *ansiedade* e *angústia* como sinônimos, existe uma grande diferença qualitativa entre esses dois sentimentos. Enquanto a ansiedade nos empurra para o futuro, a angústia, pelo contrário, nos paralisa. Se a ansiedade é aquela mão que faz pressão sobre as nossas costas, a angústia é a mesma mão, só que exercendo pressão sobre o nosso peito.

Etimologicamente, angústia quer dizer "estreiteza", "aperto". E é exatamente essa sensação de aperto no peito que aparece quando temos uma decisão conflitiva a tomar, uma opção a fazer, um caminho a seguir.

Sempre que se tem uma decisão importante pela frente, que implique a escolha entre duas ou mais opções, nas quais não há "a melhor" ou "a menos ruim", surge o desconfortável sentimento de angústia. Este ou aquele emprego? Esta ou aquela namorada? Este ou aquele restaurante? Esta ou aquela profissão? A dúvida, a incerteza, a opção, ficam a rodopiar na nossa mente, e não se consegue tomar uma decisão.

"Oh, dúvida cruel!" (outra frase preferida de D. Nair). A vida exige uma decisão, às vezes imediata, e não é possível encontrar uma resposta tão rápido assim. Isso me lembra uma história que meu avô sempre repetia: uma linda donzela estava com uma angústia danada sobre qual de dois pretendentes deveria escolher para se casar. Resolveu perguntar ao pai, que lhe respondeu:

— Tanto faz, minha filha. Escolha qualquer um, pois você vai passar o resto da vida achando que deveria ter escolhido o outro!

Assim é a angústia. Um sentimento natural que emerge de um conflito que nada mais é do que a representação de duas (ou mais) forças de mesma intensidade, agindo na mesma direção.

Historicamente, Pascal e Santo Agostinho fizeram algumas referências sobre o tema. Coube, porém, ao teólogo protestante dinamarquês de nome quase impronunciável, Sarem Kierkegaard, criador da Filosofia Existencial, fazer uma longa e aprimorada reflexão filosófica sobre a angústia. Em seu livro O *conceito de angústia,* publicado em 1844, Kierkegaard define esse sentimento como a vertigem da liberdade, ao descrever a ambiguidade sempre presente nas escolhas. O teólogo diz ainda que "a angústia é o desejo daquilo que tememos, um temor daquilo que desejamos, uma antipatia-simpática. É um poder estranho, que agarra o indivíduo sem que ele possa desvencilhar-se dele, nem queira desvencilhar-se, pois tem medo disto. Mas este medo é também um desejo..." Por essa definição, podemos deduzir que, de uma forma um pouco mais simples, a angústia é o contra, o a favor e o muito pelo contrário. Tudo ao mesmo tempo! O que me faz lembrar do grande dilema shakespeareano, pronunciado histrionicamente pelo trágico Hamlet, segurando a caveira do pai: *"To be or not to be. That's the question!"* ("Ser ou não ser. Eis a questão!")

Na verdade, acredito que o grande dilema, a grande questão, o grande conflito da vida não seja, mesmo, ser OU não ser, mas sim ser E não ser (que é o que gera a angústia). Pois, em certa medida, todos nós temos a duplicidade em nossa alma, a coexistência difícil do Dr. Jekill e Mr. Hyde (o médico e o monstro, da obra do escritor escocês R. L. Stevenson).

Na filosofia oriental, encontra-se aquele famoso símbolo do *yin-yang,* que representa a permanente mutabilidade humana. Além de ser dinâmico, isto é, ter um movimento próprio, ele carrega em si a parte escura e a parte clara presente em todos nós, e mesmo na parte clara há um ponto de escuro e vice-versa. Ou seja, é da própria natureza humana ter em si a multiplicidade de desejos, de interesses, de escolhas. Escolher UM significa sempre renunciar ao OUTRO e, quando não há parâmetro de comparação, quando, por qualquer motivo, consciente ou inconsciente, "dá empate", a resposta inevitavelmente é o sentimento de angústia.

Resumindo, a *insegurança* é um sentimento sempre presente, pois não nos é facultado prever o futuro; o *medo* é uma reação normal, comum ao homem e aos animais, diante da aproximação de alguma coisa ou de alguém que constitua um perigo real para a sua integridade ou sobrevivência; a *ansiedade* é a tradução afetiva da expectativa do que está por vir; e a *angústia* aparece sempre que se tem uma escolha a fazer, em que ambos os resultados tenham a mesma valoração.

O sentimento de ciúme, que é o nosso objeto de estudo, se forma diretamente da mescla desses outros sentimentos. Mesmo sendo normal e habitual ao ser humano, ele está circunscrito a determinadas situações que o originam, isto é, situações nas quais a pessoa se sente *enciumada* ao ver seu objeto de amor ameaçado de perda; em contrapartida, o atributo de ciúme, isto é, o *ser ciumento,* envolve uma série de outras particularidades que revelam, não só um momento, mas toda uma estrutura de personalidade.

O grande segredo de ser: a empatia

*Um encontro de dois, cara a cara, frente a frente
E quando estiveres perto, eu arrancarei teus olhos e
os colocarei no lugar dos meus.
E tu arrancarás meus olhos e os colocarás no lugar
dos teus. Assim, eu te verei com teus olhos
E' tu me verás com os meus!*

J. L. Moreno

Ao lado dos quatro gigantes da alma, ou melhor, à frente deles, visto que se distingue em qualidade e caracterização, encontra-se a *empatia* (que, em princípio, não tem nada a ver com simpatia ou antipatia). Ela é o "sentimento dos sentimentos", pois é usada para atingir os sentimentos de si mesmo e dos outros. O termo *empatia* significa exatamente "conhecimento emocional", isto é, a capacidade de reconhecer e integrar os sentimentos, principalmente os das outras pessoas.

Enquanto os outros sentimentos descritos até agora são, digamos, "egocêntricos", a empatia é a célula-máter da capacidade de alteridade (do latim *alter:* "outro"). Ter empatia significa ter a capacidade de compartilhar, experimentar, vivenciar internamente o que o outro sente, sem, entretanto, confundir-se com ele. Moreno fala da empatia, sem citar este nome, ao definir a função ego-auxiliar, dizendo "a situação de ego-auxiliar consiste em atingir a unidade com uma outra pessoa, absorver os desejos e necessidades dela e agir em seu interesse, sem ser, contudo, idêntico a ela".

Milan Kundera, em sua primorosa obra *A insustentável leveza do ser,* apresenta um ótimo conceito de empatia, chamando-a, contudo, de "compaixão". Após diferenciar o sentido desta palavra em várias línguas, ele diz que "ter com-paixão (co-sentimento) é poder viver com alguém sua infelicidade, mas é também sentir com esse alguém qualquer outra emoção: alegria, angústia, felicidade, dor (...) Essa compaixão designa, portanto, a mais alta capacidade de imaginação afetiva — a arte da telepatia das emoções. Na hierarquia dos sentimentos, é o sentimento supremo". Esta é a melhor definição que eu conheço, pois dá a dimensão exata da profundidade e amplitude desse sentimento. Por outro lado, deve-se diferenciar empatia de compaixão, (em seu sentido coloquial), já que a primeira não contém os elementos de condolência ou piedade essenciais à segunda.

Ralph Greenson, um psiquiatra americano que ficou mais famoso por ser o psicanalista de Marilyn Monroe do que pelos preciosos artigos que escreveu, lembra que a empatia também precisa ser diferenciada do mecanismo da *identificação,* que é um fenômeno essencialmente inconsciente, no qual a pessoa tem pelo outro alguma espécie de sentimento, mas que, na verdade, isso é apenas uma projeção do que ela sente em relação a si mesma.

Jorge, um pediatra de cerca de 60 anos, passou a sentir uma enorme aproximação com seus pacientes depois do nascimento de seu neto. Ele me dizia que "agora eu compreendo melhor o que aquelas criancinhas e suas mães sentem!" O que passou a ocorrer foi que Jorge se identificava com aquelas pessoas, projetando nelas seus próprios sentimentos em relação ao neto e à filha; sentimentos esses que, na época em que era apenas pai, não pudera ou não conseguira ter, devido (racionalizadamente) ao enorme tempo de trabalho que um jovem médico é obrigado a despender. Com a maturidade, houve um relaxamento parcial das defesas e os sentimentos puderam brotar, ainda que "maquiados" na forma de sentimento pelo outro.

Para que se desenvolva a capacidade de empatia, é preciso, portanto, que a pessoa saiba claramente distinguir o que é dela e o que é do outro, pois o autoconhecimento é condição *sine qua non* para o alter-reconhecimento. EU e o OUTRO, cada qual com suas características, seus pontos de intersecção, suas diferenças, suas igualdades.

O desenvolvimento da empatia começa na relação não verbal (toque físico, entonação de voz, disponibilidade interna) entre mãe e filho. Costuma-se dizer, inclusive, que as pessoas que foram criadas por mães empáticas conseguem exercer essa capacidade com mais naturalidade do que as outras que não o foram.

Outro aspecto interessante da empatia ocorre na própria relação afetiva entre duas pessoas. Quando ambas têm essa capacidade desenvolvida, a relação transcorre de forma mais harmoniosa, mais completa. É possível um perceber ao outro sem distorções, sem "atropelamentos", sem misturar os próprios desejos, respeitando-se e respeitando o outro. Nessas relações, como teremos oportunidade de desenvolver mais adiante, existem três entidades fundamentais em jogo: o EU, o TU e o NÓS, cada qual bem delimitado e respeitado.

Cabe aqui, no final deste capítulo, ressaltar que aquele sentimento que acomete muitos de nós logo ao primeiro encontro com uma pessoa, em geral referido como empatia ou simpatia, é, na maioria das vezes, exatamente o contrário desse sentimento. O que ocorre é a *transferência*, a relação transferencial. À primeira vista, parece que conhecemos o outro profundamente! Com o passar do tempo, percebemos que na verdade o que fizemos foi projetar nele muitos dos nossos desejos e fantasias. Isso acontece muito na relação terapêutica. Após uma primeira entrevista, na qual o cliente encontra um terapeuta empático, que o percebe e que entende seu intrigado e intrigante problema existencial, ele projeta naquela figura as expectativas da verdadeira mãe empática, e isso acaba por criar o que é chamado de *transferência positiva*. Transferência porque efetivamente o terapeuta não é a mãe (embora lhe caiba fazer um processo de "rematernagem"), e positiva porque favorece a aliança terapêutica, elemento fundamental para o sucesso da terapia.

    A simpatia ou a antipatia em relação ao outro pode ser empática; pode realmente representar a perfeita percepção do outro e a aceitação ou a rejeição dele, respectivamente. Mas o que ocorre em geral são relações transferenciais e, portanto, passíveis de se desmoronarem à primeira oportunidade, quando a realidade se apresentar imperiosamente.

14

O conceito de posse

Os elos do matrimônio pesam tanto que é preciso dois para carregá-lo — às vezes, três.

Alexandre Dumas

A conquista da propriedade é considerada por muitos como um impulso natural, semelhante a uma tendência inata, como aquela observada em certos animais, que isolam o seu território para suprimento de alimentação.

Nem todas as pessoas, entretanto, têm as mesmas concepções sobre a propriedade. Seu conceito varia de acordo com a cultura, a época, o sistema econômico, etc. Atualmente, pode-se dizer que o conceito de posse está diretamente relacionado com o direito de controlar e dispor das coisas ou das pessoas (sejam elas casas, carros, terras, mulheres ou maridos) e, portanto, leva à sensação de poder. Esse poder, a bem da verdade, é muitas vezes irreal, porém quem o possui se julga protegido das ameaças externas, à medida que o detém e luta desesperadamente para mantê-lo.

Sob o ponto de vista político, o poder dispõe de várias alternativas para ser exercido, e seu significado depende da sociedade em que ele está instalado, fazendo com que ele se manifeste de formas bem diferentes. Numa sociedade de consumo como a nossa, o poder econômico assume proporções extraordinárias, sendo considerado por alguns pensadores como sua única e verdadeira forma.

Ao longo dos tempos, a estrutura de poder passou por várias transformações e um reflexo disto pode ser observado no predomínio das construções arquitetônicas. Apenas como uma informação cultural, o escritor norte-americano Joseph Campbell, em uma entrevista ao jornalista Bill Moyers em uma superprodução apresentada pela TV Cultura de São Paulo, "O poder do mito", comenta que, na Antiguidade, onde o poder era de fato exercido pelo Estado ou pelos senhores feudais, as construções maiores, que dominavam os cenários, eram, sem dúvida, os castelos. Com a Igreja Católica, predominantemente na Idade Média, assumindo um grande poder através das determinações papais, as igrejas passaram a ter sua arquitetura privilegiada, destacando-se dos demais edifícios. Atualmente, basta olhar uma foto de Nova York ou da Avenida Paulista para se observar o gigantismo dos edifícios das organizações financeiras.

Nossa cultura ocidental, sempre ancorada em fortes traços econômicos, privilegiou o *ter* em relação ao *ser*, ao contrário de muitas culturas orientais. Para nós, uma pessoa vale muito mais pelo que ela *tem* do que pelo que ela *é*. Embora dolorosa, essa constatação pode ser feita a qualquer hora, em qualquer lugar. Mesmo em sistemas políticos que abandonaram o conceito de propriedade individual, como a extinta União Soviética, observou-se que, na verdade, seus dirigentes usufruíam de grandes posses, a ponto de fazer inveja ao mais capitalista dos norte-americanos.

Hoje em dia, percebe-se claramente que há uma acirrada competitividade estimulada desde a infância. Nessa fase, por exemplo, já se inicia a corrida em prol do conceito de vencedor. Luta-se por medalhas, avaliações com notas ou conceitos, prêmios objetivos ou dissimulados. Cria-se a ideia de que é preciso ser o *melhor* para se ter *mais*. Com o passar do tempo, nos vemos envolvidos em outras formas de competições, nas quais se luta por posições mais privilegiadas e de mais ganho.

Algumas pessoas não conseguem pensar no conceito *absoluto* das coisas, isto é, nunca sabem se isso é *bom* ou *ruim,* mas apenas se é *melhor* ou *pior.* Essa visão superlativa da vida leva a dificuldades enormes na estruturação da personalidade do indivíduo, pois sempre, em algum setor, haverá alguém *melhor* em alguma coisa. Na escola, no trabalho e mesmo em casa, as pessoas passam a competir para ter seu lugar de destaque e exercer o poder nas coisas mais corriqueiras e banais. É comum a briga entre irmãos, que tentam impor suas vontades um em relação ao outro; marido e mulher disputam a preferência pelo canal de televisão; amigos disputam a popularidade através da posse do automóvel, da casa ou do eletrodoméstico mais moderno e sofisticado.

Num sentido até muitas vezes difícil de admitir, as pessoas chegam a disputar a qualidade de seus companheiros, ou a quantidade de seus amantes. É uma vergonha chegar a essa constatação, mas os homens de maneira geral discutem as habilidades domésticas das esposas e as habilidades físicas das amantes do mesmo modo que comentam o melhor time de futebol, o filme mais importante, o automóvel mais moderno, a maior *performance* sexual!

A competição aparece nas menores e nas maiores coisas. E, com ela, vêm o ciúme e a inveja. Muitas vezes, uma pessoa compra um bem de consumo de alto valor, desejando, consciente ou inconscientemente, ser invejada pelo seu poder; depois, ela passa a maior parte do tempo preocupada com a inveja ou o ciúme que despertou. É comum, nas classes sociais privilegiadas, uma pessoa comprar um carro importado e não ter mais sossego, pois não sabe onde estacioná-lo de uma forma segura, protegido de roubos e depredações. O mesmo ocorre com uma propriedade; a pessoa torna-se prisioneira de trancas e alarmes.

Esse espírito de rivalidade, de competição, de propriedade e de posse é estimulado desde os primeiros anos de vida. Para remover o peso do ciúme que tudo isso gera, cabe aos educadores e principalmente aos pais se informarem mais com relação ao problema. Negar os fatos é quase um crime, pois permite sua perpetuação. Não se trata, evidentemente, de abolir por completo esse espírito competitivo, pois ele tem lá as suas vantagens, principalmente no que concerne à estruturação da autossuficiência e independência. A questão é reformulá-lo.

O *ter* não pode NUNCA ser mais importante do que o *ser*. Esta é a primeira lição. Um par de tênis, por exemplo, por mais bonito e caro que seja, não vale a vida humana. Quantos relatos de crimes por resistência a um assalto, gerada pelo sentimento de posse e/ou de ciúme do objeto, não ouvimos todos os dias...

Como ensinar aos nossos filhos, e a nós mesmos, que *as coisas mais importantes da vida não são coisas?*

Como mostrar que o que deve ser valorizada, sim, é a própria vida? Que o importante é o POSSUIR SER, não o POSSUIR TER? Um caminho possível, dentro do modelo social imposto (que pode até ser contestado, mas ele está aí, e desprezá-lo totalmente pode levar o sujeito ao isolamento), é conseguir educar as crianças de forma a ensiná-las que há sempre um modo de ganhar algo de valor para si mesmo, até mesmo nas derrotas. Aliás, a ideia de ganhar ou perder deixa de ter sentido se atribuirmos aos "jogos da vida" um caráter mais amplo, mais aberto, mais livre, até mesmo mais lúdico, sem que, no entanto, seja abandonada a noção de responsabilidade. E essa não é uma desculpa de perdedor, porque na verdade não há perdedores. Mesmo nas mais tristes das perdas sempre ganhamos algo, sempre aprendemos.

Quando perdi minha mãe, vítima de uma doença crônica, pude perceber uma série de coisas que estavam como que amortecidas dentro de mim. Parece que, ao morrer, ela repetiu seu ato de me dar a vida, pois o que mais me chamou a atenção foi justamente a oportunidade que a vida nos dá de continuar vivendo de fato, e não, como muitas vezes o fazemos, apenas ir sobrevivendo, "tocando a vida".

A *morte,* dolorosa pela perda (ou minorizada pela crença de ser apenas um "passamento"), traz consigo a lembrança da *vida.* E de uma vida que, ao se extinguir, não leva nada do material, dos bens. O que se tem ou se teve nenhuma importância terá do lado de lá. Leva-se (supondo que se vá a algum lugar) apenas a experiência, a vivência que a imensa escola da vida nos permitiu angariar. Ou não!

Simultaneamente à perda de minha mãe, vivi um acontecimento que reforçou essa posição de vida. Durante um assalto em uma agência bancária na qual me encontrava, fui mantido como refém, com uma arma enorme (acho que, na verdade, ela era bem menor do que eu imagino!) apontada para minha cabeça. Ao longo desses poucos minutos, pude refletir sobre a falta de sentido de se deixar simplesmente a vida passar.

A experiência me reforça a ideia de que a cultura do "tijolismo" (como costumo chamar o sonho universal da "casa própria") não tem nenhuma validade se essa casa não for *eu mesmo!* E os bens mais preciosos são as relações pessoais satisfatórias e enriquecedoras, marcadas pela troca constante de humor vital, de vida!

Tudo isso deve ser levado em conta quando se pensa na relação ciúme e posse. Embora esta faça parte de uma estrutura bem mais ampla, que desencadeia todo um processo, o ciúme, tenha a forma que tiver, está sempre associado a esse sentido de possuir, da ameaça de se perder o que, em nossas cabeças, nos pertence.

O núcleo da discussão reside nessa necessidade absoluta, imperiosa, que as pessoas têm de POSSUIR para poder SER. A sua recíproca negativa também é verdadeira, visto que NÃO POSSUIR ou PERDER é, nessa lógica, NÃO SER ou deixar de EXISTIR. Assim, a posse do outro é mais do que absolutamente necessária. É vital para a consciência de *ser*, isto é, eu existo porque o outro existe. Isso pode até ser bonito numa declaração de amor, mas fere brutalmente os conceitos de individualidade e de relação interpessoal, pois o *"interpessoal"* implica *"entre duas ou mais pessoas"*.

Fany, uma mulher de pouco mais de 40 anos, casada há quase 16, sempre fora uma pessoa extremamente possessiva em relação a tudo: roupas, joias, carros, objetos pessoais... Em relação ao marido, então, seu sentimento de propriedade extrapolava o simples "mantê-lo por perto". Sua necessidade de posse era tão grande que, sem o perceber, Fany tornou-se antropofágica.

Nas palavras de Paulo, seu marido, ela parecia querer controlar suas roupas, suas ações, suas emoções, seus sentimentos, suas opiniões, seus pensamentos. "Sinto que, se pudesse, ela controlaria até meus esfincteres", dizia ele, com uma angústia visível a olho nu.

Para Fany, mesmo ouvindo Paulo queixar-se quase que diariamente, tudo não passava de um exagero dele, pois o que ela fazia era sempre muito natural e cheio de razões, muitas vezes baseada em uma lógica absurda, mas que, para ela (que fora criada como uma verdadeira princesinha por seus pais idosos) sempre era a mais clara e inequívoca verdade.

Paulo, que, por ser professor universitário, chegava a ser uma pessoa bastante procurada para orientar seus alunos, foi pouco a pouco perdendo a força de resistir à toda aquela pressão, e se viu, em um dado momento, como uma pessoa que não tinha mais o direito de ter opinião própria. Tornou-se uma pessoa retraída, evitando comentar qualquer coisa na frente dela, pois sempre recebia uma "esbarrada", um "tranco", como ele mesmo definia.

É claro que ele não se tornou assim tão pusilânime apenas na relação com Fany. Em sua história, também havia uma mãe dominadora, castradora, cheia de opiniões e desconfirmações, o que, obviamente, deixara lacunas enormes em sua personalidade.

Assim, ele seguia a vida angustiado e deprimido, perdendo o prazer em quase tudo, restringindo sua vida ao trabalho, aos filhos, à casa e à grande amante eletrônica dos tempos modernos: o computador. Passava horas e horas em frente à telinha, enfrentando inimigos espaciais, monstros, reis, bandidos e jogos de baralho, mais especificamente aquele que, não por acaso, se chama *solitaire* ("solitário", a nossa "paciência"). Dizia que estava fazendo apostilas para os cursos que ministrava, mas na maior parte do tempo, perdia-se a navegar pelo mundo cibernético. Quando chegou a Internet, então, o mundo se abriu à sua frente, e ele mergulhou freneticamente no nada do tudo, que é o paradoxo da comunicação computadorizada.

Fany, por sua vez, não via essa atividade de Paulo com bons olhos, mas, talvez cansada também de tanto brigar, deixava ele lá com as "suas bobagens".

Tudo continuaria assim, "até que um dia a morte os unisse" (como diz aquela música do Chico Buarque), não fosse Fany arrumar a "encrenca das encrencas": em uma festa de fim de ano, ela não só brigou com a sogra como ainda exigiu que Paulo ficasse do lado dela!

Foi o começo do último capítulo. Não para Paulo, que nem tinha mais forças para nada, mas para ela mesma, que, no calor de uma briga, se armou de seu inalienável e inexpugnável direito de mandar, e o expulsou de casa! Sem esboçar nenhuma reação, ele arrumou na hora sua malinha e foi se hospedar em algum dos *flats* da vida.

Nos primeiros dias, Paulo sentiu-se meio estranho, meio deslocado, como se, repentinamente, voltasse ao mundo 16 anos depois. Chegou a sentir-se sozinho, quase abandonado, mas quando percebeu que a única saudade que sentia era de seu computador, Paulo redescobriu a vida!

Começou a sair com uma de suas alunas, quase 20 anos mais nova, que alimentava uma admiração profunda por ele. Sempre disposta a ouvi-lo, ela lhe trouxe a antiga segurança de existir. Mais uma vez, Paulo redescobriu a vida!

Quando Fany se deu por conta, já era tarde. Primeiro exigiu, depois pediu, e, finalmente, implorou para que ele voltasse para casa, mas era tarde demais... Paulo, em sua solicitude, que continuava compulsiva, não deixava de atender aos seus telefonemas, às vezes até com uma inconfessada saudade, mas bastavam cinco minutos de conversa para ele rapidamente se lembrar por que tudo aquilo estava acontecendo!

Fany, ao tentar engolir Paulo na sua ânsia de possuí-lo, acabou por perdê-lo, embora ainda hoje, já passados muitos anos desse episódio, ela ainda acredite que, um dia, ele vá voltar. Doce ilusão!

Quando cada um de nós se faz existir nas coisas ou nas pessoas que julga possuir, na verdade está se afastando cada vez mais de si mesmo, de suas qualidades e de seus defeitos. Como consequência indesejada e paradoxal, acaba-se afastando também dos outros, pois se EU não existo, como posso me *relacionar* com alguém?

Na verdade, o que dá sentido à vida, como foi colocado pelo filósofo existencialista Martin Buber, é a *relação*. "Eu me realizo na relação *com o outro* e não *sendo* ou *tendo o outro* em mim."

Moreno, seguindo essa proposta existencialista, desenvolveu a ideia de que, nas primeiras fases da nossa infância, há uma espécie de "cordão umbilical psicológico" que liga a criança à sua mãe, formando uma relação única, uma só unidade, em que o EU da criança é completado pela MÃE. Com o desenvolvimento normal, esse "cordão" se desfaz, permitindo à criança experimentar a vivência de ser ela mesma, um ser distinto da mãe, embora mantenha com ela um intenso grau de relacionamento. Quando ainda há o "cordão umbilical psicológico", fala-se em *simbiose,* ou seja, duas vidas em uma só; à medida que a criança cresce, perde-se essa ligação, mantendo-se a *relação,* agora de duas vidas. [A simbiose será mais profundamente discutida quando abordarmos a questão da autoestima.]

Essa ideia é aplicável na essência da educação de uma criança, na percepção de que a expressão *meu* filho não revela um sentimento de *posse,* mas sim de *responsabilidade.* Eu não o possuo, mas sou intensamente responsável por ele.

Por sua vez, responsabilidade traduz o conceito inerente à própria relação, ao comprometimento de um com o outro, advindo do compromisso consigo mesmo, sua ética, seus ideais. Responsabilizar-se pelo outro é, em primeiríssimo lugar, poder vê-lo como ele é de verdade e, sabendo disso, colocar-se ao seu lado para ajudá-lo a viver a *SUA* vida, na direção que *ele* escolher e com seus próprios passos. Com isso, não se estaria pondo fim ao sentimento de ciúme, mas, sim, "quebrando um galho". Algumas pessoas não conseguem compreender isso, e acreditam firmemente que viver uma relação é compartilhar absolutamente de tudo com o outro. Chegam a se comportar como verdadeiros "micos-de-imitação" do outro, seguindo-o, ou pior, *perseguindo-o* por todos os cantos.

Foi o caso de Márcia, uma jovem secretária executiva, obcecadamente apaixonada por Eugênio, seu marido. Seu comportamento de solicitude era tão grande que, sem o perceber conscientemente, sufocava seu parceiro. Em sua profunda admiração por ele, Márcia aprendeu tênis para acompanhá-lo nas partidas de terça-feira à noite; fez um curso de computação a fim de ajudá-lo em seus relatórios para a empresa; carregava em sua bolsa uma cópia da chave do carro dele, caso ele pudesse vir a precisar;

desmarcava seus próprios compromissos para acompanhá-lo em suas viagens de negócios; tornou-se amiga íntima de sua secretária, uma senhora alemã cheia de manias que ninguém suportava; desenterrou de um velho baú um antigo violino, que aprendera a tocar na adolescência, para auxiliá-lo em seus exercícios de canto do coral das quintas-feiras, do qual, aliás, também passou a participar; visitava-o diariamente no escritório, levando-lhe sempre um sorriso nos lábios e um presentinho nas mãos; chegou até a cogitar a possibilidade de aprender a jogar bocha para acompanhá-lo nas partidas com os velhos amigos de infância, nos sábados à tarde.

Eugênio descompensou quando Márcia passou a acompanhá-lo aos cultos de sexta-feira à noite da Igreja Universal do Reino de Deus!

Alguns pesquisadores das atitudes humanas chamam esse comportamento de "Síndrome do Matar Carinhosamente", pois se trata de um grave distúrbio no psiquismo, que revela uma extrema imaturidade e exerce intensa opressão e controle sobre o outro, destruindo a individualidade dele e sufocando-o sob a aura de uma cálida devoção.

É realmente de enlouquecer!

15

"Perdoa-me por me traíres": a fidelidade

Muitas mulheres que amam um homem do fundo de seu coração, encontram lugar para um outro homem na camada superior deste mesmo coração.

John Newton Baker

Quando estreou no Teatro Municipal do Rio de Janeiro a peça "Perdoa-me por me traíres", do controvertido teatrólogo Nelson Rodrigues (autor também de "Vestido de noiva", "Beijo no asfalto", "Bonitinha, mas ordinária", "Álbum de família" entre tantas outras obras sempre polêmicas), houve um verdadeiro escândalo apoteótico. Ao final do espetáculo, a plateia em peso vaiava o autor, que chegou a ser ameaçado, de revólver em punho, por um político conservador. E não era para menos, pois na peça, além do próprio título, que é um insulto à moral vigente, Nelson faz desfilar diante de um público perplexo um emaranhado de cenas chocantes, do aborto à infidelidade da mulher, do incesto à indução ao suicídio, do prostíbulo ao Congresso Nacional (fatalmente associando um ao outro), da loucura à culpa pela incompletude do ser humano.

A explicação para toda essa reação exaltada do público é dada pelo próprio Nelson Rodrigues:

> E, então, comecei a ver tudo maravilhosamente claro. Ali, não se tratava de gostar ou não gostar. Quem não gosta, simplesmente não gosta, vai para casa mais cedo, sai no primeiro intervalo. Mas, se as damas subiam pelas paredes como lagartixas profissionais; se outras sapateavam como bailarinas espanholas; e se cavalheiros queriam invadir a cena — aquilo tinha de ser algo de mais profundo,

inexorável e vital. "Perdoa-me por me traíres" forçara na plateia um pavoroso fluxo de consciência.

Esse "fluxo de consciência" é a percepção que poucos de nós têm de que somos responsáveis não apenas por nossos atos diretos, mas também por nossas omissões e pelo nível de adesão do outro em relação a nós mesmos. Pois *fidelidade* significa, antes de mais nada, um contrato entre todas as partes envolvidas, em que se toma como base um conjunto de regras e normas impostas pela moral, pela religião, pela sociedade, ou mesmo pelos interessados no pacto.

Partindo do princípio de que a moral é um conjunto de normas destinadas a regular as relações dos indivíduos em uma determinada comunidade, é preciso que se defina qual o período histórico em que esta moral foi estabelecida. Isto é, as regras não são sempre as mesmas em qualquer lugar, a qualquer tempo, de qualquer modo. Elas se formulam de acordo com uma série de valores aplicados à época em que ocorre.

Um exemplo interessante da moral católica, que sempre defendeu a monogamia heterossexual, aconteceu na Europa Central do século XVII. Dizimada pela Guerra dos Trinta Anos, a população europeia viu-se ameaçada; com isso, a Dieta de Nuremberg tratou de promulgar um decreto, em 14 de fevereiro de 1650, que abolia a monogamia, pois "dado que as necessidades do Sacro Império Romano exigem que a população dizimada pela guerra, pela doença e pela fome, seja substituída... cada homem passa a ter o direito, durante os próximos dez anos, de casar com duas mulheres". Incrível, não?

Nessa situação transparece a questão do direito e do poder, base das relações monogâmicas, o que implica diretamente a questão da fidelidade. A propriedade, aquilo que me pertence, deve pertencer somente a mim, reza esse princípio básico. A Tradição, a Família e a Propriedade são bens indissolúveis da natureza humana, na concepção fortemente cunhada em nosso aprendizado de vida, desde a mais tenra idade.

Mesmo contrariando a natureza animal, pensadores partidários dessa moral se desesperam ao encontrar entre pombos e cegonhas exemplos inequívocos do caráter biológico da fidelidade sexual. Ou, então, quando eles não conseguem negar a esmagadora maioria de exemplos de polissexualidade no reino animal, convocam a supremacia da espécie humana em seu aspecto nobre de intelectual idade evolutiva.

O mito do amor eterno, alicerçado nessa profunda moral cristã, nos leva, sem muita opção, a prometer "ser fiel, na saúde e na doença; na alegria e na tristeza; amando-te e respeitando-te por *todos* os dias de minha vida".

E como o amor pode ser apenas *profundo* e, eventualmente, duradouro, quiçá eterno, assume-se o compromisso ético de se manter essa fidelidade para sempre, seja lá o que claramente ela pressupõe.

A prática da vida mostra que as coisas não são bem assim! Não há fidelidade que resista a um desconforto maior na relação afetiva. Quando se está apaixonado, de fato, não há olhos para outras pessoas, e todo o impulso de vida, sexual ou não, é dirigido para o objeto de nosso amor. Mas e quando a paixão acaba? Acaba o compromisso? Acaba a fidelidade? Sim! Se ela for apenas uma norma, uma regra, um pressuposto. Entretanto, se a fidelidade, entendida como a relação de exclusividade afetiva e sexual entre os parceiros, for baseada no verdadeiro respeito mútuo, a si e ao outro, há ainda grandes possibilidades de ela ser mantida. E esse respeito não implica um policiamento permanente ou uma confiança infantil na promessa do altar, mas sim um permanente e exaustivo trabalho de manutenção do vínculo afetivo. Trabalho esse que, por sua vez, subentende diretamente a permissão para que o outro viva e escolha livremente ser fiel.

Quando se discute a falta de moral no que diz respeito à infidelidade, não são poucos os que levantam o argumento sobre o que é imoral: manter uma fidelidade forçada a um parceiro pelo qual se sente, às vezes, até desprezo e raiva, ou ser fiel a si mesmo? Fidelidade não se impõe, se conquista! E se conquista exatamente por meio desse laborioso cuidado com o outro e consigo mesmo em relação aos seus desejos, suas ideias, seus sentimentos, seus ideais...

Até aqui estamos falando da fidelidade em seu sentido mais amplo, o que obviamente exige um estudo mais aprofundado sobre o tema, levando em consideração todos os seus aspectos éticos e morais. Não é essa a intenção deste livro, portanto deixamos o assunto por conta dos filósofos e deontologistas.

No nosso caso, subentendemos na infidelidade a questão do adultério, que sempre tem um sentido exclusivamente sexual. Geralmente, quando alguém se queixa da infidelidade de seu companheiro, não está reclamando de sua preferência por trabalho, jogo de futebol com os amigos, compromissos religiosos (nessas situações, as pessoas mais ciumentas se veem "excluídas", não "traídas"), mas sim de alguma aventura sexual extraconjugal.

A infidelidade do homem, numa sociedade como a nossa, em que predomina o senso machista, ainda é mais tolerada que a da mulher. A mulher infiel é encarada com muito mais severidade, mesmo por seus pares, do que o homem.

Um argumento interessante que ouvi de um amigo sobre isso salientava que o homem distingue *sexo* e *amor,* e a mulher não. Para ele, a infidelidade masculina não coloca em risco a relação conjugal, pois o compromisso afetivo continua mantido pelo homem, mesmo que ele tenha muitas relações fora do casamento; aliás, quanto mais aventuras melhor, pois isso confirma o seu descomprometimento com qualquer outra mulher que não seja a esposa. Já para a mulher, com toda a sua sensibilidade e natural tendência a tornar sublime qualquer impulso mais primitivo, como a sexualidade, qualquer experiência extraconjugal seria muito perigosa, pois colocaria em risco o próprio casamento, tendo em vista a facilidade com que ela se "envolveria" com o amante.

Ainda que esse raciocínio possa ser lógico, e até válido sob certos aspectos, ficam evidentes a distinção restritiva que a sociedade faz à sexualidade feminina, o conceito relativo de fidelidade (abordado, pelo menos racionalizadamente, como uma questão de manutenção do vínculo familiar) e o medo da traição afetiva, que, para muitos, é mais dolorosa que a puramente sexual.

Há, no entanto, numerosos relatos de prostitutas afirmando que, muitas vezes, seus "fregueses" as procuram apenas para poder conversar.

Esse fato levou psiquiatras americanos a constatar que muitos dos casos de relacionamentos extraconjugais são motivados por necessidades outras do que as meramente sexuais. O psicanalista americano Robert Seidenberg, de 76 anos, relata o caso de um paciente seu que provocou um enorme escândalo na cidadezinha americana em que vivia, ao ser flagrado com a amante, para quem havia comprado um enorme apartamento, dado joias e presentes caríssimos — bem como manda a clássica fantasia da "outra", a amante —, mas que, na verdade, mantinha com ela apenas uma intensa e ardente relação cultural, com longos intercursos de discussão sobre o sentido da vida. Dizia ele até que, ao ser descoberto, sua humilhação era dupla: diante da mulher, porque tinha uma amante, e diante dos amigos, porque realmente não mantinha relações sexuais com ela.

Em outras circunstâncias, as pessoas agem, no caso de infidelidade do parceiro, como as vítimas de câncer: são sempre os últimos a saber! E isso não é porque sejam estúpidos ou distraídos, mas sim porque o inconsciente se arma do mecanismo da *negação,* evitando que a pessoa perceba o que está acontecendo. Inconscientemente, ele prefere ser crédulo e ridículo do que pôr tudo em risco, pois, se ele "descobrir" a verdade, seu orgulho e, às vezes até mais fortemente, a "opinião pública" exigirão dele que se tome uma atitude, usualmente tão punitiva quanto destrutiva; mas... e daí?!

Há nessa questão da infidelidade um outro lado da moeda, aquele mesmo lado que Nelson Rodrigues retratou em seu "Perdoa-me por me traíres": o da incompletude humana. Em vez de "empurrar" o parceiro para uma relação paralela, num movimento inconsciente, porém ativo, o personagem Gilberto simplesmente reconhece suas próprias falhas e sua impossibilidade de ser o homem que Judite esperava. Nas suas deficiências, nasce o desejo por outra pessoa.

Soraia começou a trabalhar como estagiária numa grande empresa multinacional aos 20 anos. Seu trabalho era o de assessorar o diretor Fernando, um homem de 35 anos, bonito, elegante, atraente e... casado.

Com a convivência, Soraia se apaixonou por ele, no que foi plenamente correspondida. Durante quase três anos, mantiveram um romance tão furtivo quanto ardente, e as frequentes viagens juntos proporcionavam doces momentos. Era um amor intenso e imenso, que parecia transbordar, tamanha sua força. Por várias vezes, Soraia chegou a falar em ficar com Fernando, pedindo a ele que largasse sua mulher. Ele, no entanto, resistia a essa ideia, alegando que a suposta estabilidade do lar não poderia ser quebrada, pois tinha três filhos pequenos e, na sua imagem idealizada, criança não pode crescer sem o pai junto, além do que ele acreditava que sua mulher, mesmo tendo inúmeros defeitos, era a esposa e a mãe ideal, pois sempre estava atenta às necessidades da casa e dos filhos e aos compromissos do marido.

A paixão foi cedendo com o passar do tempo e Soraia, estimulada por amigos que a viam sofrer naquela "relação sem futuro", acabou por romper com Fernando após um último apelo desesperado, regado a lágrimas de ambos os lados, afastando-se com o coração partido, porém firme, decidida a construir seu futuro.

Logo após o rompimento, e talvez até como um efeito compensatório, Soraia conheceu Arthur, um rapaz de sua idade, solteiro, compreensivo, delicado, educado, atencioso, dedicado, enfim, cheio daqueles predicados que fazem uma pessoa ser a "ideal para se casar". E Soraia casou com Arthur!

O casamento se consolidou com o tempo, pois ambos tinham interesses sociais e culturais em comum, conversavam bastante um com o outro sobre diversos assuntos, tiveram um casal de filhos maravilhosos, possuíam cada um o seu carro seminovo, progrediam em suas carreiras profissionais, compraram a casa própria...

Era um casamento de "conto de fadas". Literalmente, pois, como nestes contos, o amor entre eles, embora profundo e cúmplice, era quase que assexuado. Mantinham relações esporadicamente e, na verdade, isso não os incomodava. Não havia paixão, mas sim um comprometimento sólido que, segundo Soraia, era suficiente para manter a relação estável e satisfatória por muitos e muitos anos, talvez feliz para todo o sempre, como nos "contos de fadas".

Passados sete anos (fatídicos sete anos!), um dia Soraia recebeu um telefonema de Fernando, de quem se mantivera afastada por todo esse tempo, convidando-a para almoçar, "pois tinha coisas muito importantes para lhe falar". No início ela hesitou, mas depois pensou: "não há nada de mal em almoçar com alguém que, àquela altura da vida, era apenas uma lembrança do passado remoto".

Só que não era bem assim... Ao encontrá-lo no restaurante, Soraia sentiu aquele friozinho na barriga, uma leve tontura desnorteou seus passos, as pernas ficaram um pouco bambas e a respiração se tornou ofegante. Fernando estava lindo, mais charmoso do que nunca, com seus cabelos negros ressaltados agora por uma mecha de fios grisalhos. Além de tudo isso, para complicar, ele havia acabado de se separar!

Depois de um segundo almoço, marcado para a semana seguinte já com as intenções devidamente definidas, acabaram indo para a cama. E Soraia voltou a sentir toda aquela volúpia adormecida por todos esses anos; seu sangue tornou a correr em suas veias com a mesma velocidade de antes, os céus ficaram mais azuis e as estrelas cintilaram de novo...

Sim, Soraia estava novamente apaixonada! Novamente não, pois aquela paixão estava apenas adormecida, reprimida por um forte argumento racional sobre o mito do casamento e sua felicidade eterna.

Sete anos depois e a situação agora era exatamente a mesma, só que com os papéis invertidos: era Fernando quem pedia a ela que se separasse e fosse viver com ele.

Soraia então entrou em parafuso! Se, de um lado, a razão usava de todos os argumentos a favor do seu casamento com Arthur, de outro, a emoção gritava em seu coração clamando por paixão, por vida, por prazer, por Fernando!

Poderia Arthur ser responsabilizado por essa situação? Justo ele, o Arthurzinho, aquele marido exemplar, pai dedicado, companheiro incansável, idealmente constituído, placidamente estabilizado...

"Não, ele não merecia isso!" — dizia a razão de Soraia, sempre que ela se via obrigada a mentir para ele, justificando um atraso por ter estado com Fernando.

Onde estava o erro? Por que tudo isso? Como? Não podia ser! Mas era! E o erro, se é que houve algum, foi de ambos, ao considerar a relação de casamento um ideal fincado em bases sólidas de ternura e projeto, esquecendo a paixão e a sexualidade e relegando-as a um plano que contraria os mais elementares instintos animais, os quais a racionalidade humana não consegue extinguir.

O leitor, decerto, está ansioso para saber como acabou essa história. A verdade, porém, ainda que angustiante, é que ela não tem fim. Para as pessoas racionais, não há dúvida de que Soraia deve ficar com Arthur; para as passionais, ela tem que viver aquilo que seu coração manda e esquecer de todo o resto; para os que se julgam sensatos, ela deveria abandonar os dois e procurar uma terceira pessoa que reunisse paixão e projeto; e, por fim, para os ousados, seria muito bom que ela ficasse com os dois...

Lembro-me novamente de meu avô e sua história sobre a moça e os dois namorados (acho que ele deve tê-la contado algumas dezenas de vezes, tal é a frequência com que ela me vem à cabeça).

Procurando manter-me atento a todas as vertentes de pensamento, não posso me furtar de citar a explicação bioquímica defendida principalmente tanto pelo obstetra francês Michel Odent quanto pelos neurocientistas norte-americanos Sue Carter e Thomas Ilsen que atribuem ao hormônio *ocitocina* (presente em maior quantidade na mulher) um papel extremamente importante na manutenção da monogamia, portanto da maior fidelidade feminina!

Parte IV

A bruxa da autoestima

Nunca conheci quem tivesse levado porrada.
Todos os meus conhecidos têm sido campeões em tudo.

E eu, tantas vezes reles, tantas vezes porco, tantas vezes vil,
Eu tantas vezes irrespondivelmente parasita,
Indesculpavelmente parasita.
Eu, que tantas vezes tenho sido ridículo, absurdo,
Que tenho enrolado os pés publicamente nos tapetes das
[etiquetas,
Que tenho sido grotesco, mesquinho, submisso e arrogante.
...
Eu verifico que não tenho par nisto tudo neste mundo
Toda gente que eu conheço e que fala comigo
Nunca teve um ato ridículo, nunca sofreu enxovalho,
Nunca foi senão príncipe — todos eles príncipes — na vida ...

Quem me dera ouvir de alguém a voz humana
Que confessasse não um pecado, mas uma infâmia;
Que contasse, não uma violência, mas uma covardia!
Não, são todos o Ideal, se os ouço e me falam.
Quem há neste largo mundo que me confesse que uma
[vez foi vil?

Ó príncipes, meus irmãos,

Arre, estou farto de semideuses!
Onde é que há gente no mundo?
...

Fernando Pessoa
("Poema em linha reta")

O que é personalidade?

Eu antes tinha querido ser os outros para conhecer o que não era eu. Entendi então que eu já tinha sido os outros e isto era fácil. Minha experiência maior seria ser o outro dos outros: e o outro dos outros era eu.

Clarice Lispector

Nessa nossa viagem pelo psiquismo humano em busca da compreensão do estado de ciúme, já passamos por alguns caminhos que elucidam o funcionamento psíquico, mas que ainda não são suficientes para dar uma visão ampla do ser, particularmente daquele que vive nas sombras sofridas do ciúme.

Isso porque não chegamos ao "centro de controle" do universo humano, que é a chamada *personalidade*. De fato, ela coordena todas as nossas atividades mentais; é o sistema de referência obrigatório de tudo o que acontece nas mais íntimas camadas da experiência pessoal. É no amplo conceito de personalidade que se organiza a vida psíquica de cada um e onde o conjunto de cognições que nos orienta no "estar-no-mundo" adquire significado concreto.

Algo indivisivelmente singular, a personalidade, o jeito de ser, é característico de cada pessoa. Comparando-a com as "impressões digitais", não há duas pessoas exatamente iguais; pode haver semelhanças, mas nunca duplicidade. Aliás, daí se define o conceito de identidade, isto é, características próprias, não compartilhadas, de uma pessoa, individualizada e indivisível.

A psicologia, porém, procura encontrar alguns traços de personalidade que sejam semelhantes em grupos de pessoas, para assim construir padrões de personalidade, ou seja, tipos mais ou menos definidos que podem ser agrupados para efeito de estudo e compreensão. Assim se diz, por exemplo, daquela mulher organizada, com "mania" de limpeza, que possui todos os seus pertences impecavelmente arrumados, mantendo a ordem das coisas a qualquer custo, como sendo alguém que possui uma personalidade obsessiva ("anancástica" fica mais chique!).

É claro que nem todas as pessoas organizadas são exatamente iguais, não apenas por aquilo que escolhem para organizar (roupas, utensílios domésticos, mesa de trabalho, quadros na parede, combinação de cores nas roupas), mas, também, diferem em uma série enorme de outras características particulares. Portanto, a classificação é válida para efeito de estudos, mas não basta.

Numerosos estudiosos já propuseram uma imensa variedade de critérios para definir tais tipos de personalidade. O primeiro que se tem notícia vem da antiga era grega, com Hipócrates, considerado o "Pai da Medicina", que classificava as pessoas em tipos básicos de personalidade segundo seu tipo físico. Já para o também grego Galeno, as pessoas eram classificadas de acordo com a suposta predominância de determinados "humores" (secreções glandulares) em sua circulação, em quatro tipos: colérico, sanguíneo, melancólico e fleumático. Cada um deles teria características atribuídas ao humor específico. Assim, o *colérico,* com predominância da "bile amarela", é uma pessoa irritadiça, nervosa. Já a fleuma (um hormônio da pituitária) daria ao indivíduo *fleumático* traços de impassividade, distância, calma. O *sanguíneo,* vermelho como o próprio sangue, era ativo, destemido, atirado, e o *melancólico,* com predominância da "bile negra" *(melan* = escuro; *colis* = bile), seria triste, deprimido, lento.

Outros critérios foram escolhidos por diversos autores e, um deles, o maior estudioso do conceito de personalidade, G. Allport, diz, de certa forma ironizando:

> Pode-se dizer, corretamente, que existem quatro tipos de pessoas: as que (1) usam uma escova de dentes convexa; (2) usam uma escova côncava; (3) usam uma escova reta; (4) não usam qualquer escova — além, naturalmente, do tipo misto, que usa às vezes uma forma, às vezes outra...

Para Jung, por exemplo, as pessoas podem ser introvertidas ou extrovertidas. Para E. Spranger, psiquiatra alemão, elas podem ser teóricas, econômicas, estéticas, sociais, políticas ou religiosas. W H. Sheldon, psiquiatra americano, seguidor das ideias do psiquiatra e psicólogo alemão Ernest Kretschmer, que retomam o conceito grego de que a personalidade está associada ao tipo físico, fala em tipos viscerotônico e cerebrotônico. Cada um desses critérios admite, além do tipo principal, subtipos e combinações entre eles. E assim por diante, sendo mais de 2 mil os critérios possíveis de classificação. O próprio Allport, em 1961, dizia que "há, aproximadamente, 18 mil palavras (sobretudo adjetivos) na língua inglesa que indicam formas diferentes de comportamento pessoal".

Mas o que é, afinal, personalidade? Bem... aí também a coisa complica!

Do ponto de vista etimológico, a palavra *personalidade* deriva de *persona* (do latim *per sonare,* que quer dizer "soar através"), expressão alusiva à máscara (que possuía um longo tubo interno amplificador da voz) usada pelos atores do antigo teatro grego para a caracterização das personagens que encenavam nas famosas tragédias e comédias. Essas máscaras, além de dar amplitude à voz dos atores, serviam para caracterizar de forma inconfundível o personagem que representavam.

São muitas as definições, os conceitos, as divisões, mas, no fim, todas elas procuram apresentar a personalidade como sendo o jeito que uma pessoa é! Esse conceito é radicalmente negado no existencialismo, pois se acredita que ninguém é absoluto; pode-se, no máximo, "estar sendo". Para o existencialista xiita, só é quem já foi, isto é, quem já morreu! Desse modo, enquanto se está vivo, sempre é possível uma mudança, uma reformulação. Mas, de qualquer forma, "somos" ou "estamos sendo", de um modo característico e peculiar, determinado por um conjunto amplo de fatores que formam a nossa personalidade que, por sua vez, dá a base a todo o nosso comportamento.

Esse conjunto de fatores é de origem tanto social, psicológica quanto biológica. Quando nascemos, já trazemos uma carga genética, por herança, que nos dá os traços básicos do temperamento. Mesmo que, como já foi mencionado, alguns queiram atribuir esses traços inatos a fatores astrológicos, místicos, carmáticos, etc., ainda se acredita que a base é um conjunto de genes supermisturados e possivelmente modificados no processo de formação do futuro embrião, que dão aqueles traços de alegria, tristeza, expansividade, retraimento, sensibilidade, emotividade, já presentes no recém-nascido.

Exposta ao mundo, ainda que ao mundo materno, supostamente ultraprotegido, a criança já começa a sofrer, contra ou a favor, dependendo do meio em que vive e da sua relação com ele, fortes influências sobre o seu temperamento. Uma criança proativa, por exemplo, pode sofrer uma série de repreensões em razão de seu comportamento ousado e arrojado e, aos poucos, acabar se tornando triste, reprimida e muito contida. Ao contrário, uma criança retraída pode ser permanentemente estimulada a ser "como os outros, que são alegres e expansivos", e acabar sendo tímida, angustiada, esperando alguma "bronca" vir de algum lugar, o tempo todo, devido ao forte abalo em sua autoestima, tema do qual falaremos logo adiante. Além disso, muitas pessoas, constrangidas pela "educação" que receberam, acabam por desenvolver um modelo falso de personalidade, um *pseudo-self,* como é descrito por alguns psicólogos, para, pelo menos aparentemente, corresponder à imagem idealizada que lhe impuseram. Acho que não é preciso dizer que, mais cedo ou mais tarde, essa falsa personalidade será efetivamente posta à prova e desmoronará, causando muito sofrimento.

Há uma expressão, já um tanto em desuso, que pode ser aplicada a essa situação de se idealizar ao filho como ele deveria ser, e forçá-lo a se enquadrar nesse projeto, que é dos pais, e não dele: é o chamado "Leito de Procusto", lembrando um personagem da mitologia grega, que obrigava os viajantes, aos quais assaltava nas estradas, a se deitar em uma cama de tamanho definido; em seguida, o cruel Procusto cortava as pernas daqueles que excediam o tamanho da cama ou, por meio de cordas, esticava o corpo dos que não atingiam a medida exata.

É indiscutível a importância da relação mãe-filho, desde os períodos pré-verbais do desenvolvimento infantil, para que o processo de integração estrutural da personalidade se realize. Desse modo, sobre o temperamento inato irá ser cunhada uma série de experimentações familiares, educacionais e sociais que constituem o chamado *caráter*.

Gosto muito de uma metáfora que compara a personalidade a um vaso. O temperamento é o material usado para a confecção desse vaso (que pode ser de argila, prata, ouro, estanho, cimento). A forma que ele vai adquirindo com o trabalho do artesão (a mãe) é o caráter. Por fim, o jeito que ele tiver quando pronto é a personalidade. Evidentemente, com o passar do tempo, ele pode sofrer algumas modificações, como quebrar um pedaço, receber um novo adereço, mas será sempre aquele mesmo vaso!

Assim acontece conosco. Nascidos com um conjunto de traços básicos de resposta, gravados em nossa hereditariedade, sofremos uma série de influências positivas e negativas (sempre com a "melhor das intenções", é claro!) que nos moldam uma forma de ser. O resto da vida, passamos por uns e outros momentos potencialmente críticos, ou crises mesmo, que vão nos dando uma forma mais ou menos inconfundível e absolutamente pessoal de existir no mundo.

Há ainda, como se não bastasse, uma questão em aberto no conceito da personalidade, que é a influência da *inteligência* no acabamento final do modo de ser. Seria algo como o "colorido" que se dá ao vaso. Nuclearmente, ele será um vaso, pintado ou não; mas numa compreensão mais abrangente, será sempre incluída a cor e seu brilho como características de distinção. Além de tudo isso, é também atribuída à inteligência uma origem hereditária.

Essa questão da inteligência e da personalidade me faz lembrar um caso já mencionado aqui, o da paixão que Anna O., ex-paciente de Breuer, passou a dedicar a Freud. O que importa, na verdade, é como Freud lidou com essa paixão. Dois psicanalistas franceses, Leon Chertok e Raymond de Saussure, citados no livro *Psicanálise: a profissão impossível,* de Janet Malcolm, estabeleceram o nítido contraste entre a situação embaraçosa em que se viu Breuer e a frieza de Freud, ao lidarem com os estímulos eróticos advindos da paciente. O fato é que Freud "descobriu" neste caso o fenômeno da transferência, atribuindo os sentimentos inconvenientes de sua paciente à projeção inconsciente de seu amor pelo pai na figura do médico.

O fato de Breuer ter encarado como reais os sentimentos sexuais de Anna por ele e de Freud tê-los atribuído à ideia da transferência pode significar a diferença entre o intelecto comum e a genialidade, ou, ainda, entre um homem seguro e confiante em sua sexualidade e um que estava tão inseguro de seus atrativos, que precisava encontrar alguma outra justificativa para que uma mulher tão irresistível pudesse se apaixonar por ele.

Daí, podemos concluir que lacunas na autoestima não são privilégio apenas de simples mortais como nós. Grandes homens e mulheres, ainda que escondidos atrás de sua genialidade ou prosperidade, guardam secretamente sentimentos duvidosos quanto ao seu real valor existencial.

17

Ser reconhecido é preciso

O amor existe dentro de nós. Impossível destruí-lo, mas passível de ser escondido. O mundo que conhecemos quando criança continua em nossas mentes, enterrado em algum lugar.

Marianne Williamson

Paula, uma belíssima mulher de 30 e poucos anos, caiu em profunda depressão logo após o nascimento de seu primeiro filho.

Loira, alta, esguia, com penetrantes olhos azuis, ela recuperou aos poucos seu peso e formas; só não recuperou sua vontade de viver. Vontade essa que estivera presente durante toda a gravidez, impulsionando-a a planejar cuidadosamente como seria exercer o novo papel, que se apresentava a ela como de extremo compromisso.

O mundo desabou para Paula ainda no primeiro mês do puerpério. Começou a dormir mal, independente das exigências de amamentação de Pedro, que contava ainda com a assistência de uma babá. Perdeu o apetite, perdeu a libido, e quase perdeu a esperança... A ideia de morte passou a rondar seus pensamentos e, por mais de uma vez, chegou a pensar em dar cabo na própria vida. Sentia-se aflita, inquieta, profundamente triste! Olhava fixamente para o bebê e chorava copiosamente sem ninguém entender o que estava acontecendo. Nem mesmo ela! O sonho de ser mãe transformara-se inexplicavelmente num pesadelo. Por quê?

O caminho para o entendimento e resolução desse quadro foi arduamente percorrido durante uma longa terapia iniciada no auge da crise. Após ser acolhida e compreendida em seu desespero, Paula pode reconstruir sua história de vida marcada por aparentes sucessos. Devido à sua extraordinária beleza, nunca lhe faltaram pretendentes, e um séquito de admiradores sempre lhe fizeram porta. Mas, lá no fundo de si mesma, ela sabia que faltava algo... que era bonita sim, mas havia uma estranha sensação que, por detrás de sua altivez, uma sombra a perseguia. Uma sombra aparentemente natural de insegurança, não de seus atributos físicos, que ela reconhecia e admirava, mas de alguma coisa como atributos "intelectuais", ou algo parecido.

Paula não sabia reconhecer exatamente o que residia em seu interior há muitos anos, certamente desde a adolescência, talvez até mesmo antes dela; algo como a sensação permanente de um "blefe", de uma mentira que ela estava contando para si e para o mundo. Ou melhor, algo que ela estava escondendo de si e dos outros. Mas o que poderia estar tão escondido assim?

Na verdade, não era exatamente nenhum fato traumático, mas sim toda uma infância e adolescência marcadas por uma relação muito perigosa com sua mãe, D. Elza. Mulher ansiosa e frustrada, D. Elza inoculou em Paula, inconscientemente, uma dificuldade absurda de ter certeza sobre si mesma. Por meio de uma comunicação repleta de mensagens duplas, na qual dizia amá-la ao mesmo tempo que lhe rejeitava um abraço, alegando um motivo qualquer, D. Elza conseguiu que Paula nunca tivesse certeza absoluta de seus sentimentos. Era ou não amada? Era ou não aceita? E, mais, seus pensamentos, suas ideias, suas percepções; sempre encontraram na mãe uma crítica severa e um desprezo quase total. Paula lembrava-se de que, quando começara a praticar pintura a óleo sobre tela na adolescência, chegava em casa alegre com um quadro, mas, ao mostrá-lo para a mãe, as únicas observações eram sempre de crítica, tais como "Mas... não está muito sem cor esse quadro?", "Acho que a perspectiva não é bem essa!", ou "Você poderia fazer melhor!"

Laing, aquele da antipsiquiatria, elaborou um conceito fantástico que sustenta toda uma teorização para o que ocorreu com Paula. Para ele, o indivíduo tem uma necessidade nata de ser *confirmado* em sua existência; é como se, durante um grande período de nossa infância, e mesmo depois dela, precisássemos de um "espelho" que refletisse nossa verdadeira imagem. Esse espelho é representado em seu modelo original pela própria mãe, ou substituta, que tem a função de ser um espelho fidedigno, pois, não o sendo, deixará grandes sequelas na estrutura de quem precisa dela. Costumo me referir a isso lembrando que um espelho deformante sempre projeta uma imagem deformada.

Receber *confirmação* não significa, como pensam alguns, ser sempre aplaudido em tudo. Significa, sim, ter o direito de ser reconhecido naquilo que pensa, sente, deseja, percebe ou faz. Como na frase atribuída a Voltaire, "posso não concordar com uma palavra do que dizes, mas respeito o direito de dizê-lo", a pessoa emissora de uma mensagem encontra um eco em seu interlocutor, que lhe dá o direito de falar, pensar, agir, enfim, de existir. É aquilo que já foi referido anteriormente como o "habite-se", que a prefeitura dá a um prédio, confirmando-o como pronto e apto para a ocupação.

No caso de Paula, sua mãe lhe negara isso.

Profundamente mergulhada em suas próprias angústias e decepções, D. Elza projetava na filha uma múltipla confusão de sentimentos de amor e rejeição, principalmente quando passou a perceber que Paula poderia conseguir, e estava conseguindo, ser alguém como ela mesma nunca conseguira ser. Com um misto de ciúme e inveja, sentimentos encobertos pela repressão por serem negativos e inadmissíveis em uma mãe, inconscientemente D. Elza destruíra toda e qualquer possibilidade de Paula estruturar uma personalidade com base na afirmação de sua autoestima.

Ao desconfirmá-la sistematicamente, por meio de duplas mensagens e do não reconhecimento de seus valores reais, D. Elza conseguiu que Paula não se reconhecesse em SI mesma.

O assédio dos rapazes devido sua beleza geraram mais confusão ainda, pois era aparentemente querida, desejada, cobiçada por atributos que eram seus, mas para os quais sua estrutura de ser não havia em nada contribuído. Sentia-se, embora não o fosse, o estereótipo da "loira burra", inútil em sua essência.

Tudo isso ficara escondido nas reentrâncias de sua personalidade, e Paula desenvolvera uma autoconfiança realmente falsa, algo como o citado *pseudo-self,* um "blefe" no jogo da vida. Quando Pedro nasceu e ela se viu obrigada a recuperar as habilidades que não tinha, somando a isso as terríveis experiências de figura materna, Paula "faliu", bem ao estilo Djavan, do "não ter e ter que ter pra dar!" Não deu. Pifou! [Essa situação me lembra, de algum modo, aquelas antigas máquinas de calcular mecânicas, antes da era da eletrônica. O meu grande divertimento, como *office boy* de um banco, era realizar nelas a operação de divisão por zero. A máquina entrava em colapso, pois como esta operação não é definida, ela ficava rodando, rodando, rodando, procurando por uma resposta que não era possível encontrar, simplesmente porque não havia. As modernas máquinas eletrônicas são mais "espertas", e dão nesses casos a "mensagem de erro".]

No seu processo de psicoterapia, Paula foi aos poucos conseguindo corrigir essa fase de espelho que a fizera desmoronar. Por meio da aceitação incondicional de si mesma, após um árduo trabalho de reconhecer quais são as suas reais possibilidades e ampliar seu campo de ação, estimulando as habilidades embotadas e procurando desfazer os obstáculos que não permitiram o desenvolvimento de todo seu potencial, pudemos realinhar seu pensamento, suas percepções, seus sentimentos, sua autoestima, enfim, sua identidade.

É como no conto do Patinho Feio, com a ressalva de que o que importa não é ser "pato" ou "cisne", e sim a consciência de estar no "papel certo", adequado, pois se queremos ser "cisne" quando somos "pato", ou mesmo vice-versa, perdemos a oportunidade de ser "um bom pato, quando somos patos", ou um "bom cisne, quando somos cisnes".

Seria interessante, neste momento, retomarmos o tema da *confirmação* citada há pouco, relacionando-a mais profundamente à questão da autoestima.

Como já foi dito, confirmar não é aceitar. Pode-se rejeitar, recusar, negar uma observação do outro, sem contudo tirar-lhe o direito inalienável de ser. Como? Simplesmente agindo primeiro em concordância com as nossas mensagens verbais e as não verbais. Dizer que está muito preocupado com o outro e virar-lhe as costas quando ele está falando, ou afirmar-lhe que é muito bom vê-lo e dar-lhe um abraço do tipo empurrando (ou segurando, mantendo distância), não é certamente um modo adequado. Um adulto saudável pode claramente perceber que há *duplas mensagens,* mas para a criança, ou para alguém perturbado, o que passa é uma grande confusão. Sim ou não? Eu não sei! E isso pode ser ainda mais complicado se o outro perceber a incoerência nas mensagens: basta lhe dizer que ele percebeu errado, não é nada disso! Pronto! Essa é a fórmula secreta e infalível para a desorientação. Alguns estudiosos vão mais longe e dizem, como a equipe de Gregory Bateson, da Universidade de Palo Alto, na

Califórnia, que esse é o caminho para a esquizofrenização de uma pessoa. Isto é: utilizando-se de seguidas duplas mensagens e contumaz desconfirmação, é possível levar uma criança à loucura!!!

Na realidade, esse procedimento por si só não gera a esquizofrenia, como o admitem os próprios especialistas. Eles acreditam que é necessária a presença de algum outro elemento concomitante para que se desencadeie o processo psicótico (talvez uma catecolamina específica e ainda não identificada — que, jocosamente, chegamos a chamar de "esquizofrenina" — como querem os organicistas).

De qualquer forma, seja no processo de desenvolvimento natural de uma pessoa na sua relação com os pais, seja em qualquer outro processo relacional que se estabeleça ao longo da vida, é fundamental que o "princípio do espelho" seja respeitado.

Nos últimos anos, a maioria dos teóricos do comportamento humano, notadamente os dinamicistas, abandonou a ideia de a culpa ser a fonte de uma baixa autoestima, e passou a acreditar mais no papel da privação na infância ou das dificuldades nas relações entre pais e filhos, formando-se assim um consenso de que a autoestima bem-estruturada provém da experiência de uma pessoa de ser positivamente reconhecida em conjunturas críticas da infância.

Não adianta dizer que adora o filho e que ele é a razão da sua vida, se você demonstra o tempo todo que ele o incomoda e que não deveria ser do jeito que é! "Não seja!" Esta frase, pronunciada quase sempre de forma não verbal, gera uma personalidade capenga, cheia de dúvidas em relação a si mesmo. Isso, mais tarde, ocasionará uma série de transtornos afetivos, notadamente o ciúme.

Ter autoestima em baixa ou danificada e, portanto, não acreditar em si e depositar maiores expectativas nos outros leva fatalmente a uma situação de dependência brutal do outro, além de fazer surgir um medo inusitado de perdê-lo para qualquer terceiro que apareça e que seja "melhor" (o que não é difícil de acontecer, pois todos são melhores!).

A criança que é criada nessas circunstâncias tem, como já o dissemos, o desenvolvimento de sua personalidade sob o ponto de vista relacional estancado em uma fase inicial, a chamada simbiose.

O psiquiatra e psicoterapeuta brasileiro Fonseca Filho elaborou um "Esquema do Desenvolvimento Humano", baseado na teoria psicodramática de J. L. Moreno e entrelaçado à filosofia dialógica de Martin Buber, chamado de *matriz de identidade,* na qual descreve essa fase de ligação intensa entre mãe e filho como o já mencionado "cordão umbilical psicológico", que, se persistir na fase adulta, poderá gerar profundas dificuldades de relacionamento.

Para compreendermos melhor essa ideia, é como se, ao não saber exatamente quem sou, eu precise sempre de alguém que me diga o que fazer, o que pensar, o que dizer e, no limite, o que devo ou não sentir. O EU não existe completamente, e precisa do TU para lhe dar consistência, identidade. É como se EU e TU fossem uma só pessoa: EU!

Isso aparece bem claro naquelas situações conjugais em que geralmente o marido tem uma esposa prestativa e solícita, que o cobre de todas as necessidades caseiras, mas falha crassamente no companheirismo pessoal e social. Ele mesmo a impede de participar de sua "vida lá fora", mantendo-a vinculada habitualmente pela dependência econômica. Por outro lado, como ambos formam uma só pessoa, ele, apesar de protegido e amparado, tem inconscientemente a esposa mais como *mãe* do que como *mulher.* Desse modo, ele se vê livre para relacionamentos extraconjugais, como se fosse o filho que tem, naturalmente, suas namoradinhas e a mãe, ciumenta, não gosta nada delas. Costumo chamar essa situação de "Síndrome de Ulisses", comparando-a àquela vivida pelo herói grego no seu retorno da guerra de Troia, logo após deixar a Ilha de Circe. Como narra Homero na *Odisseia,* Ulisses sabia que, seguindo por determinado caminho, passaria pelas sedutoras Sereias e, querendo ouvir-lhes o canto, mas advertido de que sucumbiria a elas, fez-se amarrar ao mastro de seu navio com fortes cordas e ordenou a seus marinheiros que o soltassem somente após passada a região perigosa, mesmo que ele insistisse para que o fizessem antes. Para evitar que eles ouvissem o canto das Sereias, Ulisses tapou-lhes os ouvidos com cera. E assim ocorreu. Amarrado ao mastro, protegido por seus fiéis e temporariamente surdos marinheiros, Ulisses pôde desfrutar do maravilhoso canto, sem se deixar perder nas profundas águas da sedução.

Ao se amarrar ao mastro, Ulisses como que viveu a relação de simbiose, tipo parental, segura, mas insatisfatória. Isso não o impediu, contudo, de "brincar" com outras relações, essas sim, instáveis, mas satisfatórias.

A simbiose é, portanto, a forma que muitas pessoas encontram para sobreviver psicologicamente, na ausência de um *ego* bem definido, que possa pensar, sentir e perceber o mundo interno e o externo, pleno de espontaneidade, ciente de suas próprias capacidades e limitações, adequado em sua autoestima. Quando na relação familiar, então, há ainda uma situação clara de exclusão da criança, com as coisas ficando bem piores.

Freud descreveu, no Complexo de Édipo, a situação na qual a criança se veria atraída sexualmente pelo progenitor do sexo oposto e, portanto, teria de competir com o progenitor do mesmo sexo, correndo o risco de ser "castrada" pela sua intenção incestuosa. Hoje em dia, essa estrutura ainda se mantém, mas com uma visão explicativa bastante modificada, representada pelo Complexo de Castração. Por ele, a compreensão dessa fase triangular do desenvolvimento infantil se dá no nível relacional, ou seja, o que é importante não é o desejo sexual, mas o de se relacionar e ser reconhecido. A sua ausência, a sua exclusão, é a tal da "castração". Não é o pintinho do menino que é cortado, mas sim o seu direito de existir e se relacionar. Édipo não queria transar com a mãe; queria apenas ser reconhecido por ela. Aliás, no mito de Édipo, ele se mete naquela confusão toda, de matar o pai e casar com a mãe, exatamente por tentar fugir desse destino amaldiçoado (literalmente), que o oráculo havia lhe revelado.

Ana Cláudia, uma graciosa quase-pós-adolescente, passou por um momento doloroso quando entrou na faculdade, aos 17 anos. Desde a pré-escola, tinha uma amiga inseparável, a Ana Lúcia, que ela considerava uma "irmã gêmea", a ponto de elas fazerem um "pacto de sangue" de amizade eterna. Estudaram sempre juntas, na mesma classe, e entraram juntas na mesma Faculdade de Economia.

Logo nos primeiros dias de aula, conheceram uma nova colega, Ana Luiza, que pela semelhança de nomes passou a fazer parte do mesmo grupo de trabalhos escolares. Ana Luiza era uma menina alegre e criativa, propondo sempre novas atividades, tanto escolares como sociais. As três Anas passaram a sair juntas, a conversar muito entre si, a formar realmente um grupo coeso e feliz!

Num certo momento, porém, Ana Cláudia passou a se sentir desconfortável naquela relação, e começou a arrumar desculpas para não sair com as amigas. Pouco a pouco, ela foi se sentindo isolada e rejeitada, atribuindo uma suposta má-fé da Ana Luiza, julgando-a fofoqueira e digna de outros atributos pejorativos. Acabou por perder a amiga Ana Lúcia, depois de uma briga por causa da Ana Luiza.

Depois de refletir, Ana Cláudia admitiu que "estava morrendo de ciúme" da amiga. Pode perceber que, na verdade, a situação "a três" a incomodava profundamente. Um sentimento desconfortável de ciúme, que não sabia identificar *a priori* de onde vinha, a obrigava a se distanciar daquela relação. Ela bem que tentou manter Ana Lúcia do seu lado, mas tanto a insistência com que passou a criticar a terceira Ana como a recusa sistemática em participar das atividades conjuntas, acabaram por isolá-la completamente.

Por quê? A resposta estava lá, mais uma vez, em sua história de vida. Ana Cláudia era filha única de um malsucedido casamento de pessoas bem-sucedidas profissionalmente. O pai, eminente economista, consultor de empresas e participante de ministérios em diversos governos, sempre fora uma pessoa muito ausente, não só por passar a maior parte de seu tempo em Brasília, mas também porque não "era dado a carinhos". Sua mãe, por outro lado, embora também trabalhasse fora de casa, dedicava uma atenção extraordinária à filha, mantendo-a sempre a seu lado e fazendo dela sua aliada, contra "aquele ser desprezível que nos abandona por egoísmo!" É claro que esse casamento acabou fracassando e, curiosamente, quem deu a palavra final foi Ana Cláudia, que, certo dia, descobriu que o pai tinha outra mulher, ao encontrá-los jantando em um restaurante. Contou à mãe o que viu e deu no que deu! Muita briga, muita xingação e fim!

Ora, essa dinâmica criou em Ana Cláudia um "esquema" de relacionamento em que só havia espaço para duas pessoas, e qualquer outra terceira era uma ameaça e devia ser combatida, pois, mais cedo ou mais tarde, acabaria por traí-la. Mais ainda, se essa terceira pessoa tivesse vida própria e soubesse transitar livremente pelos espaços da vida (como o pai), era encarada como uma terrível ameaça ao projeto determinante da sua vida.

A situação de triangulação vivida em nosso desenvolvimento normal é, realmente, muito delicada. No caso de Ana Cláudia, vimos uma situação na qual a criança foi privilegiada e a exclusão foi do terceiro componente (o *ele,* o pai); isso criou uma dinâmica transferencial de ciúme que se repetiu na fase adulta com intensidade.

Numa outra situação, esta vivida por Arnaldo, estudante de Psicologia, a dinâmica triangular teve um aspecto diferente. Terceiro filho de um casal bastante jovem, Arnaldo se via com frequência excluído da relação dos pais, que mantinham entre si um justo e estreito relacionamento pessoal e social. Comumente os pais saíam para jantares, festas e viagens, deixando os filhos com os avós. As crianças não tinham voz ativa na casa e eram, segundo Arnaldo, sistematicamente excluídas de qualquer decisão familiar. Essa foi a base psicodinâmica que encontramos para explicar o seu comportamento de sempre procurar, para um possível namoro, meninas já comprometidas em namoros firmes ou mesmo casadas. Desse modo, ele forçava sua inserção em relacionamentos já estáveis e maduros, com o único objetivo de causar o seu rompimento.

Por várias vezes, Arnaldo conseguia, após muita insistência, "ganhar" a menina. O namoro durava muito pouco tempo, e a paixão sempre arrebatadora, que precedia à conquista, desaparecia quase que imediatamente após a concretização de seu intento.

A decisão de procurar a psicoterapia se deu quando, após tentar inútil e insistentemente namorar uma mulher casada, foi surpreendido pelo marido dela, que o ameaçou. "Perdidamente apaixonado" e terrivelmente amedrontado, ele entrou em profunda crise depressiva, e chegou até a tentar o suicídio, tomando um punhado de medicamentos aleatoriamente.

Pode-se interpretar essa tentativa, realizada com remédios sabidamente inócuos, como uma ação de manipulação, semelhante às que costumava realizar com seus pais, quando simulava febres, dores e outros sintomas na vã esperança de que eles não o abandonassem. O trabalho terapêutico consistiu fundamentalmente em clarear a situação transferencial que escravizava Arnaldo e permitir-lhe encontrar recursos internos para renunciar ao "esquema" edipiano, libertando-se de um programa preestabelecido de relacionamento, para que se lançasse verdadeiramente à vida em busca de seus próprios caminhos.

De fato, como podemos perceber, não é fácil lidar com a triangulação, pois se "ficar o bicho come, se correr o bicho pega". Como enfrentar isso, então? Não há saída, mesmo? Nas palavras de Fonseca Filho, encontramos uma possibilidade:

> A resolução ideal dessa "crise de triangulação" seria aquela em que a criança pudesse aceitar a realidade de que os "outros" têm relacionamentos independentemente dela e, que, necessariamente, não estaria ameaçada de perda afetiva (não sai lesada) com isso. Pode concretizar ligações com o TU (EU-TU), pode relacionar-se com o ELE, que nesse momento é um TU (EU-ELE), pode aceitar o TU-ELE como uma relação independente de si. Seria a possibilidade de um relacionamento "gestáltico" com este conjunto de dois.

Ou seja, seria uma mágica conseguir a triangulação ideal, em que os três pontos se relacionassem entre si e, na situação efetiva de exclusão da relação bi-pessoal, ainda restasse a possibilidade de se relacionar com o casal, isto é, numa relação do tipo EU-ELES, o que, de fato, não incide na dinâmica crucial do processo, que é a exclusão absoluta.

Cabe aqui, novamente, salientar que o conceito de autoestima não está ligado às frustrações vividas pela criança, mas sim a algo mais profundo, mais aniquilador, que é a desconfirmação, a exclusão, o não reconhecimento da existência.

Algumas pessoas têm interpretado erroneamente esse conceito e acabam por aceitar ou criticar uma postura que determina que tudo é permitido à criança. Não é bem assim! Há limites, muitos limites, e eles devem ser ensinados com zelo e comprometimento, fatalmente por meio da frustração de vários desejos infantis, mas sempre preservando o direito da criança de desejar, de pensar, de sentir.

Mais uma vez, uma experiência vivida por mim mesmo serve como exemplo para o que quero dizer. No aniversário de 5 anos de meu filho, que ocorre na antevéspera do Natal (é chato, né?), resolvemos fazer o programa da "Cesta Básica de Viagem Internacional da antiga Classe Média", agora considerada "Classe Pobre Alta": fomos à Disneyworld, em um pacote supereconômico, daqueles que têm mais noites do que dias no programa, para dar a impressão de um tempo maior de viagem. Máquina de filmar a tiracolo, chapeuzinho do Mickey (com as orelhas abanando) na cabeça, óculos escuros, sorriso de orelha a orelha, lá fomos nós. Eu, mulher, filho, sogro, sogra e uma prima adolescente que apareceu de última hora...

Num dos dias do passeio, visitando o lado da Disney que não tem nada de Disney, assistimos casualmente um *show* da Barbie, daqueles superproduzidos, bem ao estilo americano, cheio de luzes, cores, músicas, bolas coloridas jogadas ao público, enfim, tudo o que se tem direito! É óbvio que, em meio a toda a chatice do passeio naquele dia, meu filho adorou o espetáculo.

Saímos do parque e, cumprindo a parte B, voluntariamente obrigatória, do pacote, fomos às compras! Lá estava eu, num canto da loja, tentando me fazer entender no meu inglês de ginásio, estilo índio de filme de faroeste, imaginando como eu poderia passar na alfândega carregando um monitor de computador sem ser notado, quando ouvi uma choradeira danada e alguns gritos que me pareceram familiares. Do outro lado da loja, vi meu filho chorando, os sogros saindo rapidinho pela porta mais próxima, a prima metida num *walkman* espacial e minha mulher vindo em minha direção, esbravejando:

— Dê um jeito no seu filho! Ele quer comprar a loja toda!

E também saiu da loja, pisando grosso. Pacientemente, porém bufando, deixei de lado minhas articulações de aprendiz de contrabandista e fui ver do que se tratava.

Bem, como era de se esperar, em resposta a tudo o que ocorrera naquele dia, ele estava agarrado a uma boneca da Barbie e queria que eu a comprasse. Não só a Barbie, mas a casa da Barbie, o carro da Barbie, as roupas da Barbie, o barco da Barbie, o namorado da Barbie, a casa do namorado da Barbie...

Confesso que no início pensei em me matar, mas achei melhor respirar fundo e sentar no chão da loja junto com ele. E começamos uma conversa mais ou menos assim: — Você quer a Barbie?

— QUERO!

— Você quer a casa da Barbie?

— QUERO!!

— Você quer o carro da Barbie?

— QUERO!!!

E assim por diante...

Suspirei fundo, contei até *nine* e vi, assustadíssimo, o custo astronômico daquela parafernália toda. Pensei que, afinal de contas, ele até que tinha razão, devido às circunstâncias. Lembrei-me então que eu era um terapeuta, terapeutizado, pai responsável, educador... e, da teoria à prática, ultrapassando o enorme abismo que as separa, resolvi tentar...

— Filho, você quer mesmo tudo isso?
— QUERO!!!
— Veja, isso tudo é muito caro e é muita coisa, você não acha?
— EU QUERO!!!!
Lembrei-me de tudo aquilo que dizem de filho de psiquiatra, e tive de reconhecer que era verdade. Cocei as minhas orelhas de Mickey, pensei novamente e arrisquei:
— Tá bem, filho. Vamos separar tudo isso ("toda essa tranqueira" — pensei) e pedir para o moço da loja deixar separado ali no balcão. Enquanto isso, vamos dar mais uma olhada em outras coisas que têm aqui na loja? Mas nós não vamos comprar mais nada, tá?
Graças a Deus, ele concordou e, um pouco mais adiante, numa prateleira, havia uma caixa com algo em torno de uns 40 carrinhos chineses coloridos (superbaratos!), que chamaram a sua atenção e, obviamente, a minha:
— Olha, filho, que legal!!! São daqueles carrinhos que você gosta tanto!
Ele hesitou...
— E olha aqui do lado... tem mais um monte de motos....
Ele hesitou mais um pouco...
— Veja!!! Um outro pacote com vários bonecos pra andar nas motos e nos carros... Isso é muito mais legal que a Barbie, você não acha?
Ele achou!!!!
Saímos da loja uma hora e meia depois do início do incidente, ambos felizes. Ele com os pacotes de carrinhos, motos e homenzinhos. Eu, por ter cumprido com o meu princípio de agir de acordo com o que penso e digo, satisfeito por ter plenamente exercido meu papel de pai, além de ter gasto apenas 10 dólares. Ah! E ter visto que, na prática, a teoria é isso mesmo! Basta ter um pouco de paciência!

Apesar de todo o meu cansaço e de tê-lo frustrado, não comprando a tal da Barbie, saí realmente satisfeito, pois pude compreender seu desejo, dialogar com ele, ouvi-lo, respeitá-lo e, acima de tudo, confirmá-lo.

Insisto na questão de que a confirmação é o único caminho possível para a estruturação de uma personalidade saudável, respaldada e alicerçada na autoestima desenvolvida a partir de experiências significativas de apreço e consideração à pessoa, realizada por meio do exercício constante da empatia pelos pais.

Para terminar este capítulo, desejo apenas citar uma notável colocação de Peter Kramer:

> Todos os diferentes tipos de personalidades mal adaptáveis que tornam a vida difícil e infeliz, que vão do excessivamente escrupuloso ao sociopata, do socialmente esquivo ao exibicionista podem ser vistos como o resultado de antigos fracassos da empatia dos pais interagindo com dolorosas experiências de vida. Deste ponto de vista, os distintos tipos de personalidade representam respostas a diferentes necessidades de proteger o *ego* da consciência de sua própria vulnerabilidade e, depois, de esconder do mundo o *ego* desvalorizado, frágil e imperfeito.

A compulsão à liberdade

A bigamia é ter um marido demais. A monogamia é o mesmo!

Erica Jong

Como se já não bastassem as angústias e os conflitos, outra característica do comportamento humano, que se apresenta, na maioria de nós, esmagada entre dois polos, é o desejo e/ou temor da liberdade.

É difícil conceituar a liberdade, pois muitos a imaginam como um estado no qual o indivíduo possui amplos poderes sobre si mesmo e sobre os outros, o que não é verdade. A ideia de liberdade tem, em si, o príncípio de que toda pessoa é um indivíduo, isto é, ela é única, e apenas por si pode ser identificada. Dessa forma, o indivíduo/pessoa possui, ou deveria possuir, todos os recursos necessários para enfrentar a vida em seus inúmeros obstáculos.

O que ocorre, porém, é que na realidade as coisas não são bem assim. E por quê?

São diversos os fatores que interferem na formação de uma pessoa, de tal modo que seu sentido de liberdade está condicionado desde os limites biológicos, aos quais ela se encontra inexoravelmente presa (o homem não possui asas, portanto não pode voar por si mesmo), até regras sociais mais ou menos bem definidas, que constituem a ética e a moral, regulando as relações humanas.

Ser livre não é, absolutamente, por e dispor das coisas e das pessoas, inclusive de si mesmo, de qualquer forma, de qualquer jeito. A liberdade contém, em si, a noção do seu próprio limite. Isto é, pode-se dispor, na vida, de um grande campo de liberdade, de trânsito livre, mas este fatalmente encontrará seu limite, mais ou menos amplo (dependendo da pessoa) em todas as direções.

Quando imagino essa abstração da liberdade, configura-se em minha mente a ideia de um imenso círculo, delimitado por fortes traços. Dentro desse círculo, vejo o ser humano capaz de andar livremente por ele, até a periferia, onde se encontra o limite. Entendo como liberdade, portanto, essa possibilidade de andar por *toda* a área do círculo.

A mitologia grega traz um exemplo bonito desse sentido de liberdade. É o mito de Ícaro, aquele que aprendeu a voar com asas artificiais construídas com penas e cera por Dédalo, seu pai. Ambos saíram a voar juntos, mas, antes, Dédalo alertou seu filho para que ele se mantivesse em uma altitude média, não se aproximando nem do mar, que poderia molhar as penas, nem do sol, que derreteria a cera. Sendo assim, Ícaro tinha todo o limite entre o céu e o mar para voar; o que não é pouco, convenhamos.

Para algumas pessoas, embora lhes seja nítida a sensação de que poderiam avançar um pouco mais no espaço que lhes pertence, parece que uma força oculta e poderosa as obriga a se restringir a uma área bem inferior à possível imaginada.

É relativamente fácil perceber isso com relação ao comportamento sexual dessas pessoas. Embora seu desejo clame pela realização de sua sexualidade, o medo, a insegurança, ou o que quer que seja, impede a entrega total e o pleno gozo desse prazer.

Vejamos por exemplo o caso de Rodrigo, um jovem de 20 anos, jogador profissional de voleibol, alto, bonito, realmente charmoso, objeto de desejo de muitas garotas. Para ele, embora sinta um enorme desejo de poder paquerar e exercer sua sexualidade, um velho conceito religioso, a ameaça permanente da eternidade no inferno, aprendido precocemente em uma escola de freiras, o torna prisioneiro de seus temores.

Apesar de a sua parte racional perceber com clareza a inadequação desse ensinamento aos tempos modernos, sua emoção continua reagindo como nos tenebrosos filmes em preto e branco exibidos na escolinha, que mostravam toda a amargura e o sofrimento daqueles que infringiam as "leis do Senhor"!

As leis do Senhor... Quantos sentimentos naturais do ser humano não são forçados a se manter reprimidos para não se cair em pecado?

Mircea Eliade, um estudioso das religiões e de suas manifestações, apresenta a teoria de alguns agnósticos de que as proibições impostas pela Igreja sempre tiveram um caráter mais político do que verdadeiramente de fé. Ao tornar pecado, atos, pensamentos, ações e omissões, ou seja, comportamentos inerentes à condição humana, a pessoa se via inevitavelmente condenada ao mais sofrível, doloroso e eterno castigo das profundezas tórridas do inferno. Para sua "salvação", só era possível um caminho: a confissão ao sacerdote, que, em nome de Deus, lhe concedia o perdão e, portanto, devolvia temporariamente a chave do céu. Temporariamente porque, logo ao sair do templo, lá estava de novo o ser humano a pecar por um simples pensamento de desejo, cobiça, preguiça ou inveja. E lá voltava ele, suplicando por perdão...

Hoje em dia, muitos desses conceitos aparentemente mudaram, mas ainda estão impregnados em nossas mentes. Para Rodrigo, por exemplo, o temor a Deus e ao Inferno tornou-se, na verdade, um temor à vida, restringindo sua liberdade de ser. Na metáfora do círculo, Rodrigo se vê imobilizado no meio desse campo de liberdade, amarrado a si mesmo, como se uma bola de ferro, presa ao seu tornozelo, o impedisse de caminhar. Para ele, o inferno é aqui, e agora!

Em contrapartida, outras pessoas procuram reagir de forma violenta contra essas restrições à liberdade, e acabam por extrapolar os limites da adequação. Algumas têm uma compulsão tão intensa pela liberdade que se expõem a situações evidentemente perigosas, apenas para provar, para si e/ou para os outros, que são de fato livres e donas de seus destinos.

O ideal liberal, novo paradigma de nossa sociedade, reforça essa ideia da liberdade absoluta, sem perceber que, na mesma direção e apenas no sentido contrário, também impõe regras e determinações. Sua base é a apologia dos "direitos", e as obrigações e os deveres que a vida em comunidade solicita são esquecidos ou mesmo revezados.

Sob esse novo ideal, as pessoas se projetam no mundo realmente livres, porém com pouco ou nenhum embasamento para tal empreendimento. Essas pessoas que chegam a ser agressivas e incisivas em relação aos "seus direitos" em qualquer circunstância, acabam por se tornarem rabugentas, intratáveis, grosseiras e encrenqueiras. Muitas vezes, elas são rejeitadas por todos, o que faz com que se vejam obrigadas ao isolamento e à solidão. Isso, obviamente, acaba com a liberdade. Como na lenda de Ícaro, que, entusiasmado pela liberdade de voar, se embriagou dela, esqueceu as recomendações do pai e se aproximou demais do sol. A cera derreteu e ele caiu no mar, morrendo.

Assim acontece com alguns de nós, que, tendo vivido uma infância reprimida, cheia de desinformação e contradições, se lançam na vida adulta numa corrida desenfreada em busca de algo que certamente está apenas em nosso interior: a verdadeira liberdade de ser! Liberdade essa que usufrui de todos os seus direitos, sem deixar, contudo, de respeitar também os direitos do próximo. "A minha liberdade termina onde começa a sua", diz o aforisma existencialista.

A cultura oriental, baseada nos princípios de Confúcio, considera que o genuíno senso de liberdade está alicerçado no autodomínio, no autodesenvolvimento e na autorrealização. Ao usar o exemplo de um arqueiro que erra o alvo ao lançar sua flecha, Confúcio diz que não se deve culpar nem o vento, nem a flecha, mas que se deve voltar os olhos para si mesmo e procurar a falha em seu próprio eu.

Comparando os ideais dos direitos à liberdade individual com a moral confuciana da virtude, Seunghwan Lee, professor de Filosofia da Universidade da Coreia, proclama que nenhuma posição monolítica, radical, é absolutamente válida, reconhecendo que a verdadeira liberdade e o verdadeiro valor do ser humano está em poder ser extremamente rigoroso na exigência de seus direitos em situações de adversidade e, simultaneamente, generoso e afetivo naquelas situações em que não há nenhuma ameaça. Mais uma vez, prevalece o bom-senso, o meio-termo, reconhecendo-se a importância tanto das exigências quanto das virtudes, apropriações e concessões, asserções e benevolência.

Na terra em que se "tem que levar vantagem em tudo", fica um pouco difícil praticar essa moral! Ela fica ainda mais difícil nas relações afetivas que são impregnadas de competição e posse. O direito de exercer o poder, em nossa sociedade latina, agravada pelo machismo explícito ou dissimulado, leva muitos casais a um verdadeiro litígio pelo exercício da liberdade. O marido que impede a mulher de trabalhar, alegando razoavelmente que seu salário não contribuiria em nada para sua liberdade, exerce uma coação que, por indisfarçado comodismo, algumas mulheres ainda aceitam, mesmo hoje em dia.

Essa situação é agravada pela completa falta de diálogo entre os parceiros. Mesmo exercendo qualquer espécie de poder, tanto de um lado quanto de outro, marido e mulher estabelecem relações marcadas por concessões e não por consenso. Decisões são tomadas por um e aceitas pelo outro, mesmo a contragosto. Anos e anos se passam e, embora as reclamações sejam constantes, raramente elas assumem um caráter formal de reavaliação e revalidação.

Por outro lado, quem concede está sempre anotando, numa imaginária e inconsciente "caderneta de poupança afetiva", aquele débito que será cobrado na primeira oportunidade. E essa oportunidade pode acontecer de um momento para outro, ou na própria relação, com a cobrança de alguma retribuição por parte do companheiro, ou quando estes recursos já se esgotaram, na autoliberação para o exercício de uma liberdade sem destino nem objetivo. Quase que, como uma vingança, portanto uma forma reativa de agir, alguém parte para o que der e vier...

Não é preciso um longo exercício de imaginação para se perceber que, fatalmente, mais cedo ou mais tarde, o sol derreterá algumas asas...

Parte I

As máscaras do amor

Amor é um fogo que arde sem se ver;
É ferida que dói e não se sente;
É um contentamento descontente,
É dor que desatina sem doer.

É um não querer mais que bem querer;
É um andar solitário entre a gente;
É nunca contentar-se de contente;
É um cuidar que ganha em se perder.

É querer estar preso por vontade;
É servir a quem vence o vencedor;
É ter com quem nos mata lealdade.

Mas como causar pode seu favor
Nos corações humanos amizade,
Se tão contrário a si é o mesmo Amor?

Luís de Camões

É possível definir o amor?

O amor é a única tolice do sábio e a única sabedoria do tolo.

Anônimo

Há muito tempo, filósofos, poetas, trovadores, romancistas, sociólogos, psicólogos, antropólogos, cineastas, teatrólogos, pensadores, enfim, centenas de pessoas vêm tentando definir o mais presente e determinante dos sentimentos humanos.

Na verdade, aquilo que hoje chamamos de "amor romântico" recebeu os primeiros tons de importância apenas no século XI, no sul da França. Durante muito tempo, ele não teve o significado de base para um relacionamento sólido e estável. Muito pelo contrário, historicamente as uniões conjugais aconteciam por questões econômicas e políticas.

Hoje em dia, contudo, isso pouco ou nada importa, pois para quem vive uma relação amorosa, não são os sofisticados e abstratos construtos teóricos e históricos que norteiam (ou desnorteiam) sua vida, mas sim a experiência concretamente sentida da explosão, às vezes indomável, de suas emoções. No entanto, diante da perplexidade da ação amorosa, com sua significância inegável, é natural que surja uma enorme curiosidade sobre o que será esse sentimento tão avassalador.

Basta ligar o rádio, ver televisão, passar numa banca de revista ou livraria para se ter a ideia da tamanha importância que tem o amor no nosso cotidiano. Contudo, ao se pesquisar a definição do tema, verifica-se que quase todas as colocações perdem-se em conclusões tautológicas, isto é, acabam por se definir por si mesmas ou, então, enveredam por uma coletânea de atributos e manifestações do amor, sem atingir sua essência.

Interpretado como instinto, tendência, inclinação, pendor, disposição, apetite, necessidade, ou estado, seja lá o que for, o amor permanece, ainda nos tempos de hoje, uma grande incógnita em seu mais elementar aspecto conceitual.

Como diz um amigo meu, "podemos não saber como definir um elefante, mas é muito fácil reconhecê-lo a um simples olhar". Desse modo poderíamos nos contentar para o seu entendimento. Basta identificar em nós mesmos aquele sentimento arrebatador, que enche nosso coração de encanto e admiração, que reconhece em quem amamos a pessoa única iluminada por centelhas divinas, que faz predominar a presença do pensamento da pessoa amada sobre todos os outros, que a elege como o ser mais importante do universo, que invade a razão e despreza seus alertas, que nos cega, nos ensurdece, nos contamina por inteiro, que torna tudo mais bonito e mais suportável, que muda nossa vida e nos faz sonhar e flutuar nas nuvens, nos planos e nos céus, para se ter o conceito de amor. Verdade?

Não! Nem sempre é verdade... Pode haver algo escondido por sob essa máscara sedutora, que foge à nossa mais ingênua vontade de acreditar naquela beleza harmoniosa e feliz que certamente nos foi apresentada na infância (nos contos de fadas), na adolescência (nos filmes hollywoodianos) e mesmo na fase adulta (nas novelas televisivas).

Freud, num artigo publicado em 1910, ao comentar a escolha amorosa neurótica feita pelos homens, afirma que são quatro as precondições para o amor: que haja uma terceira pessoa prejudicada, isto é, a pessoa escolhida, de alguma forma, já deve pertencer a outro homem; que a mulher escolhida tenha uma má reputação sexual; que o homem dê um alto e inadequado valor a esse tipo de mulher; e, finalmente, como quarta condição, que o homem apresente inconscientemente uma ansiedade obsessiva em "salvar" essa mulher escolhida. Fica claro que, apesar de todas as críticas a essas colocações, Freud estava vendo, na base do sentimento amoroso, o ciúme.

Mais tarde, em 1921, Freud volta a falar do amor, e aí vemos todo esse maravilhoso sentimento altruísta e neurótico naufragar na mais primitiva interpretação de que amamos, no outro, aquilo que ele apresenta de nós mesmos (portanto, como um espelho, amando-se à própria imagem) ou aquilo que ele tem e que queremos possuir. Desse modo, tão logo logramos nosso intento, desaparece toda a magia que cercava o acontecimento.

Nesse sentido, o escritor francês Marcel Proust também manifesta sua opinião, em um dos maiores romances do século XX, *Em busca do tempo perdido,* de que o amor é uma maléfica doença incurável, sendo sempre insuportável, como uma espécie de maldição.

Proust segue a mesma linha do pensamento freudiano em seu início, acreditando que a origem do sentimento de amor está ligada não às qualidades do ser amado, mas exatamente ao contrário, pela sua pouca significância e pelos seus defeitos. Ele procura explicar essa noção enveredando pelo caminho de que o que se procura com o amor é a penetração obsessiva no interior da alma da outra pessoa, a fim de participar do mundo que só a ela pertence, de descobri-lo, adquirir suas experiências e, assim, possuí-lo. Por um longo e tortuoso caminho, Proust é levado a concluir sobre a fatal infelicidade do amor, pois, ao se possuir a pessoa amada, deixa de haver o encanto da descoberta, da aventura pelo desconhecido, chegando à afirmação de que "a angústia da ausência é a totalidade do amor".

De uma forma mais romântica, Erich Fromm, em seu *A arte de amar* (homônimo daquele do Ovídio), simplesmente inverte a ordem das motivações, reconhecendo que a necessidade básica da fusão com outra pessoa tem como finalidade transcender a prisão do desconhecimento de si mesmo, o grande segredo insondável para os seres humanos. Ele chega a afirmar que o amor é o caminho para esse conhecimento, no qual, no ato da fusão, no ato de penetrar a outra pessoa, se realiza a revelação.

Já o sociólogo italiano Francesco Alberoni nos apresenta o amor, ainda que elevado pelas cores da paixão, como um fenômeno social revolucionário, cuja função básica é a eterna transformação de "separar o que estava unido e unir o que estava separado". Para ele, o enamoramento é visto como um ato de libertação, que procura renovar o passado, negando-o para a formulação de uma nova síntese.

Alberoni, utilizando-se de um discurso épico, no qual chega a considerar como elementos comuns da sustentação do amor os mesmos que deram origem a grandes processos revolucionários de massa, como a Revolução Francesa e a Revolução Bolchevista, por exemplo, acaba por deixar exposto o ponto provável de fratura desse sentimento, ao afirmar que:

> O enamoramento, como todo estado nascente, é uma exploração do possível a partir do impossível, uma tentativa feita pelo imaginário de se impor ao existente. Quanto maior for a tarefa e mais longa a viagem, menos provável será a chegada. Sua história reduz-se, então, à história desta viagem ou de suas travessias, das lutas travadas sem que haja um abrigo, um porto feliz de chegada.

Mais uma vez, em outra linguagem, a visão do amor é decepcionante! Tão decepcionante quanto a colocação de Marina Colasanti, que reconhece um forte amor numa observação que ela atribui à poetisa americana da década de 30, Judith Viorst, referindo-se a seu companheiro:

"Quando ele se atrasa para o jantar e eu sei que ou está tendo um caso ou está estirado morto na rua; sempre espero que esteja morto".

Eu mesmo já ouvi, horrorizado, essa mesma colocação de pessoas bem próximas. Pode isso significar amor? Isso é amor?! Se é, então, eu realmente não sei o que é amor!

Atributos do amor

*Se a existência precede a essência e se quisermos existir,
ao mesmo tempo que construimos nossa imagem,
esta imagem é válida para todos e para toda nossa época.
Assim, a nossa responsabilidade é muito maior do que
poderíamos supor,
porque ela envolve toda a humanidade.*

Jean-Paul Sartre

Na realidade, acredito mesmo que não haja uma definição possível para o amor. Há, como dizia um amigo meu, apenas formas mais ou menos definidas de identificá-lo em nós mesmos ou nos outros, quando certas características se apresentam.

Dalmiro Bustos, o renomado psicodramatista argentino, ao analisar os diversos mitos que cercam o amor, dos épicos aos individuais, passando pelos promovidos pela mídia (cinema e televisão, principalmente), chega à conclusão de que "amar é... complicado". Essa desalentadora conclusão é fruto da vivência que Bustos teve de inúmeras situações de terapia de casal, nas quais, observando o comportamento dos parceiros, percebeu que ser amado está representado, ou pela excessiva preocupação ciumenta do companheiro, ou pela agressividade que acompanha as situações de frustração, pois, para muitos, "só briga quem ama!".

É claro que também existem vários tipos de amor, como os de caráter ético.e moral, supostamente mais elevados (o amor a Deus, à humanidade, à pátria, ao partido político) e os de caráter mais palpável e mundano (o amor parental, o fraternal, o de amizade, o conjugalsexual), cada um deles com traços específicos e finalidades distintas.

Penso que, de certa forma alheio às conotações sociológicas, psicológicas, revolucionárias e até mais românticas do amor, o que, de fato, pode nos situar em relação à identificação desse sentimento são quatro elementos: pessoalização, acolhimento, responsabilidade e comprometimento.

Pessoalização é a nossa capacidade de reconhecer o outro como uma pessoa, um *ser humano,* e não como um *objeto.* Seguindo a orientação filosófica do existencialismo, o que distingue uma pessoa de um objeto é, simplesmente, a atenção ao fato de que, antes de se atribuir adjetivos à pessoa, é necessário perceber sua existência. A frase atribuída a Jean-Paul Sartre que expressa esse pensamento é: "a existência precede a essência", presente na epígrafe deste capítulo.

As célebres expressões tão utilizadas desde os anos 60 de "mulher-objeto" ou "homem-objeto" pressupõem que sua utilidade, seu valor e suas características já estão definidos antes mesmo de se iniciar um diálogo, um relacionamento afetivo.

Isso parece tão óbvio, que muitas vezes nem nos damos conta que estamos desprezando totalmente a pessoalização. Um exemplo claro e palpável desse descuido é o preconceito de qualquer natureza (racial, político, social, ideológico), que, como o próprio nome diz, é um *pré-conceito,* isto é, o conceito sobre uma determinada pessoa é formulado antes mesmo que a conheçamos, simplesmente porque ela apresenta certo traço que encobre toda uma real percepção dela mesma.

Reconhecer uma pessoa implica utilizar nosso sentimento de empatia para podermos vê-la, ouvi-la, entendê-la, enfim, deixá-la se manifestar. Somente após um contato mais íntimo, olhos nos olhos, alma com alma, podemos realmente dizer quem é esta pessoa e, mais, se ela nos atrai, se nos provoca rejeição ou se nos é indiferente. Isso tudo somado a uma também real percepção de nós mesmos, para evitar os clássicos mecanismos de projeção que nos fazem ver, no outro, aquilo que não lhe pertence, mas sim a nós mesmos.

E, para esse contato ser o mais íntimo possível, é necessário lançar mão do elemento do *acolhimento,* que consiste tão somente na possibilidade de dar ao outro o direito de sentir, pensar, perceber, existir.

A forma de se exercer esse atributo é despertar no outro a real sensação de que ele não está sozinho, falando com as paredes. Basta ouvi-lo com atenção, tentar entender o significado de suas palavras e expressões corporais; perguntar-lhe por mais detalhes, repetir-lhe o que foi ouvido e percebido, e pedir a sua opinião a respeito. Essa é a tal da "confirmação", da qual falei nos capítulos anteriores.

No ato do acolhimento, no exercício pleno da confirmação, surge a *responsabilidade,* não como um dever, uma obrigação, mas no seu verdadeiro sentido etimológico, que é o de se dar uma "resposta hábil", uma ação adequada que implica respeito, cuidado, preocupação e congruência em relação ao outro.

O respeito significa a capacidade de permitir ao outro ser como é, sem querer lhe impor formas diferentes de ser, cuidando para que sua personalidade floresça e se encaminhe em seus projetos, preocupando com suas preocupações, seus temores e seus desejos, sem, no entanto, perdermos nossa capacidade de ser real, autêntico, genuíno, congruente.

Por último, ainda que, talvez, o mais importante, vem o *comprometimento,* o *commitment,* em inglês, que é o contínuo e profundo envolvimento e aceitação das responsabilidades assumidas quando da escolha voluntária de acompanhar outra pessoa em sua vida, caminhando sempre com a mão estendida, ora ombro a ombro, ora carregando-a, ora sendo carregado, emprestando ao outro, ainda que por um tempo não previamente determinado, porém desejadamente duradouro, uma parte de nós mesmos.

Sem dúvida, o elemento fundamental que deve alicerçar toda essa aliança é o contínuo fascínio pelo outro, o que exige uma grande disponibilidade interna de ambos os parceiros, ancorando na reciprocidade o destino da relação amorosa.

O lado escuro do amor

Quererá alguém lançar seu olhar até o fundo do mistério onde se oculta a fabricação do ideal sobre a Terra? Quem terá coragem de fazê-lo! — Então, olhe! Mas, espera um momento, senhor temerário: é preciso primeiro que sua vista se habitue a este falso dia, a esta luz instável...

Nietzsche

Quantos de nós já não passaram por aquela maravilhosa experiência de se apaixonar à primeira vista por alguém?

Quantos já não sentiram, logo nos primeiros minutos de contato, uma indescritível sensação de familiaridade com o outro, como se o conhecêssemos há muitos anos, talvez até de vidas passadas?

Quantos já não mergulharam desenfreadamente em uma relação amorosa, rompendo todos os antigos laços que davam sustentação à sua vida, para viver a intensidade de uma paixão?

Quantos já não se embriagaram com os odores e sabores da pessoa amada, perdendo a noção do tempo, do espaço e do mundo lá fora, vivendo aquele momento de união como se nada mais existisse, nenhum limite houvesse, sentindo que nada, apenas nada, havia ao seu redor?

Quantos já não viram o tempo parar, o espaço desaparecer, o mundo silenciar, enquanto seu olhar, seu coração, sua pele, sua alma tocavam profundamente a alma de outro alguém, em perfeita harmonia?

Quantos já não sentiram que nada poderia romper aquela união; nada, nem ninguém, ameaçava aquele mundo tão ardente e exclusivo, tão cúmplice e sólido, tão íntimo e forte, que nenhuma ameaça externa poderia sequer abalá-lo?

Quantos já não sentiram que seu amor, de tão intenso, não poderia ser apenas uma mentira, um blefe, mas que, transcendendo o aqui e o agora da relação corporal, atingia a mais perfeita união cósmica? Quantos? Quantos? Quantos?

A resposta é *todos nós*. Todos nós já vivemos essas experiências, quando, ainda fetos, vivíamos a plácida e cósmica experiência da nossa gestação no ventre materno!

Essa sensação, no ambiente mais acolhedor e confortável que já vivemos um dia, pode ser perfeitamente reproduzida em uma relação amorosa. Para quem de fato viveu nessa vida consciente uma grande paixão, não há como negar a similaridade da vivência cósmica experimentada em ambas as situações.

Do mesmo modo, assim como o nascimento põe fim a todo o mundo de calma e prazer, trazendo com a luz as vicissitudes do cotidiano, a paixão quando acaba (e ela sempre acaba) traz a dor do fim e a saudade pelo que foi, pelo que poderia ter sido e pelo que jamais será. A busca, a procura incansável dessa situação interna de iluminação, continuará pela vida toda, iludindo-nos a cada novo olhar, a cada novo gesto, a cada novo encontro, a cada instante de nossa caminhada.

Porém, sempre que encontrarmos no outro aquela figura tão já nossa conhecida, aquela familiaridade que sempre nos confunde e nos leva a acreditar no inacreditável, se olharmos com bastante atenção, veremos que, de fato, estamos olhando para um espelho. Um espelho mágico, vivo, que parece refletir nossa própria identidade em cada gesto, em cada expressão, em cada olhar.

E, de fato, é mesmo um espelho! Quanto menos conhecemos o outro e mais nos reconhecemos nele, estamos simplesmente realizando aquele mecanismo psicológico da projeção, pelo qual depositamos no outro aquilo que, de fato, é nosso. Aquela sensação de que "parece que eu o conheço há muito tempo" é mais real do que a mais romântica das fantasias possa construir. Sim, eu o conheço há muito tempo, pois ele, o outro, nada mais é do que eu mesmo projetado nele.

Há muito tempo, atendi em psicoterapia uma moça chamada Rita, com pouco mais de 30 anos, extremamente ativa, economicamente independente, morando sozinha em uma confortável cobertura duplex de um dormitório em um "Residence Service", que me procurou após mais um de seus inúmeros "fracassos" amorosos. Ela se definia como uma "apaixonada compulsiva", e não compreendia sua incapacidade de controlar essa compulsão, uma vez que já havia, pelo menos teoricamente, aprendido pela experiência que sempre "dava com os burros n'água".

Sua ansiedade era insuportável; seu desejo, emergente; sua sexualidade, incontrolada; sua busca, implacável... Procurávamos em sua história de vida algo que pudesse explicar tamanha carência, mas sempre encontrávamos uma família bem estruturada para os dias modernos, com pais e filhos abertos ao diálogo, sempre unidos em todas as situações, num mundo cor-de-rosa, repleto de amor e compreensão.

Vasculhávamos cada centímetro da mente de Rita, cada fracasso, cada frustração, cada realização... e nada!

Ela continuava procurando por sua "alma gêmea", que, como ela sempre enfatizava, estaria em algum lugar, em algum corpo, em alguém, também procurando e esperando por ela.

Durante umas férias de final de ano, Rita resolveu viajar para a Europa pela primeira vez. Embora realmente quisesse fazer turismo, ela carregava na alma aquele desejo secreto de que lá, do outro lado do mundo, poderia encontrar seu príncipe encantado. E, não é que, certo dia, andando pelas ruas de Verona, na Itália, Rita focalizou a figura de um homem que caminhava alguns passos à sua frente. Sentiu um leve tremor nas pernas, seu coração disparou, o ar pareceu lhe faltar por uns instantes... No fundo de sua mente, em algum lugar escondido, os passos daquele homem tiveram um significado especial e não claramente identificável dentro dela.

Na terra de Romeu e Julieta, na cidade do amor impossível, Rita sentiu que ali, bem perto dela, estava a sua alma gêmea, "talvez trazida de outro mundo", agora em seu caminho. Apressou os passos e rapidamente se aproximou do homem. Ao tocá-lo no braço, já com um sorriso sedutor a iluminar-lhe o rosto, o homem virou-se para ela e Rita quase desmaiou ao ver, surpresa e horrorizada, na sua frente, seu próprio pai!

Se ela sabia ou não, inconscientemente, que ele estaria na Europa naquela mesma época do ano, isso não acrescenta em nada a importância que esse fato teve na vida de Rita. Esta única cena valeu mil anos de psicoterapia!

Alguns anos mais tarde, encontrei-a num evento social e soube que ela havia se casado com um colega de turma de um curso de pós-graduação e tido dois filhos, um casal. Vivia bem, com os problemas habituais de todo relacionamento, mas finalmente sua busca pela figura paterna havia terminado.

A história de Rita acaba aqui, como num conto de fadas, mas esta não é a realidade para outros tantos de nós.

Muitas relações amorosas, baseadas na projeção ou não, sempre começam com a promessa do "amor eterno" que, na bênção religiosa habitual, os noivos afirmam "amar-se e respeitar-se por todos os dias de nossa vida". Acontece que a vida carrega uma série de imprevistos e de dificuldades. As pessoas vão adquirindo novos valores, aprendendo novos deveres, desejando novas satisfações, e o corre-corre do cotidiano acaba por esquecer de cultivar aquela chama, pois, enfim, ela é mesmo eterna...

Eterna coisa nenhuma! Pouco a pouco, a chama começa a arrefecer-se, surgem os problemas de incompreensão e distanciamento, perde-se o encanto e o amor. Aquele amor "inesquecível" acaba sendo esquecido.

As pequenas mágoas, os defeitos de um e de outro, o modo como cada um trata as crianças, os amigos intragáveis para o outro, tudo acaba sendo motivo para o desgaste natural. Surgem as brigas por nada, por bobagens. Com o passar do tempo, vai desaparecendo a união da clássica família do "comercial de margarina".

Isso quando não ocorre, por um lado, a permanente preocupação em manter acesa a já extinta chama da atração e da reciprocidade do início da relação, o que, confessemos, é realmente muito difícil; por outro, a acomodação da sufocante situação do "ruim com ele, pior sem ele", abrindo assim a porta para as grandes frustrações e, dependendo de cada um, para a possibilidade do adultério.

Quando uma relação conjugal começa no amor e termina no conformismo, ou, pior, com o medo da separação, ela toma o caminho de um estável porém insatisfatório lar social, marido ou mulher passam a procurar novas motivações para sua vida. O trabalho, as artes, os filhos, as amizades são excelentes elementos de sublimação, mas a força do amor pode voltar a pulsar, exigindo algo mais do que um chopinho com os amigos ou um chazinho com as amigas.

Dependendo da dinâmica pessoal de cada um, o novo sempre atrai ou assusta. Se, na fantasia, persiste a busca pela completude total, o novo é uma possibilidade. Se a fantasia, ou mesmo a permanência das velhas cicatrizes, ainda fere a alma, o novo é uma ameaça.

Talvez seja por isso que, embora nossa hipocrisia custe a admitir, esse novo relacionamento surja comumente no próprio meio de amizades, no qual o risco do absolutamente novo está diminuído. E "como o jardim do vizinho é sempre mais verde", talvez porque está mais distante, não são raras aquelas constrangedoras situações de namoros cruzados (e secretos) entre casais. Quando são revelados, por descuido, desconfiança ou voluntariamente, é aquele "Deus nos acuda"!

Há que se assinalar, ainda, algo que de tão incômodo, fazemos um esforço inconsciente e brutal para mantê-lo reprimido: trata-se da *maldade* de cada um.

Maldade? Sim, maldade, ou seja lá do que podemos chamar aqueles traços, por vezes bem discretos, que permanecem em nós desde a infância.

Sem querer cair no psicologismo, mas fatalmente caindo, todos nós passamos por uma fase de desenvolvimento chamada de "sádico-anal", na qual as pulsões mais animais, mais primitivas, tentam ganhar terreno em nossa vivência. Somos, naturalmente, obrigados a reprimir essas manifestações e treinados a dirigi-las para atividades socialmente aceitas, como os esportes, por exemplo.

Assim, podemos imaginar que, quando alguém se sente, inconscientemente, pobre em amor e bondade, às vezes incapaz mesmo de experimentar o verdadeiro amor (por nunca tê-lo vivenciado), e teme que essa característica possa vir a ser revelada a si mesmo ou ao seu parceiro, pode acontecer de surgir, como um mecanismo de defesa, o próprio ciúme, como uma projeção dessa falta de amor em si, descobrindo a maldade em um rival, no lugar de encontrar em si mesmo. Esta situação faz com que o indivíduo "reconheça" no outro o desejo de roubar o que é seu, de destruir a felicidade alheia. É, de fato, a projeção desses sentimentos "não aceitáveis" que gera a desconfiança do outro, quando a verdadeira desconfiança é de si mesmo!

22

Os irmãos gêmeos: amor e ódio

É fácil apaixonar-se — qualquer um pode fazê-lo. Mas, sentir raiva da pessoa certa, na medida certa, na hora certa, pelo motivo certo e da maneira certa — não é nada fácil e não é qualquer um que pode fazê-lo.

Aristóteles

Para muitos, o ciúme é ainda uma manifestação de amor, de apreço e de afeição que uma pessoa sente por outra ou por alguma coisa. E talvez seja isso mesmo em determinadas situações.

Por outro lado, é curioso notar a alta agressividade que está presente nas manifestações até mais caseiras e corriqueiras de ciúme. Não são raras as brigas e as discussões, às vezes violentas, entre casais em que um dos companheiros está cego pelo ciúme. Também são comuns os chamados crimes passionais, nos quais, em nome do amor, uma pessoa mata outra e acaba por se matar também.

É nítido o olhar de ódio da mulher ciumenta, que aguarda de madrugada a chegada de seu marido fanfarrão.

"Eu deveria matá-lo!" — é a frase mais comum. Mas quem ama mata? Quem sente ciúme, sim. E essa morte, embora muitas vezes seja cruelmente real, no nosso interior ela acontece de forma mais silenciosa e menos sangrenta. São as mortes imaginárias, que ocorrem em nosso inconsciente sem que nos demos conta delas, mas que afastam as pessoas de nós e nós delas. É o afastamento afetivo, o rompimento de sonhos e ilusões que se despedaçam à frente dos nossos olhos, mesmo contra nossa vontade explícita, escapando de nossas mãos.

Amor ou ódio? Amor e ódio! Ou, amor virando ódio. Para podermos compreender essa aparente justaposição de sentimentos tão antagônicos, temos que voltar, novamente, à origem da nossa vida psíquica.

Os estudiosos do comportamento humano são quase unânimes ao afirmar que o bebê, ao nascer, está imerso num total desconhecimento tanto de si quanto do que o cerca. A criança passa, nesses primeiros momentos, por um tipo de experiência que foi chamada por Rene Spitz de "vivência oceânica". Nesse estado só são possíveis duas sensações: a de conforto e a de seu inverso, o desconforto. Para Freud, isso significaria os sentimentos primitivos de prazer e desprazer, que, com o desenvolvimento da vida, dariam origem a todos os outros sentimentos. E, de fato, o recém-nascido ou dorme profundamente ou chora desesperadamente. Mais tarde, pode até sorrir e manifestar satisfação quando está bem alimentado, bem cuidado, sem nenhum incômodo. Mas se algo o deixa insatisfeito, seja fome, frio, barulho, dor, a manifestação de desagrado se faz presente imediatamente e vai aumentando de intensidade enquanto ele não for satisfeito naquela necessidade premente.

Assim, desde cedo, passamos a experimentar reações primitivas de agrado, satisfação e afeto, e seus opostos equivalentes, desagrado, insatisfação e desafeto. Surgem daí as duas sementes, do amor e do ódio. Respondemos com amor à correspondência satisfatória aos nossos desejos e necessidades; e com ódio, às nossas frustrações.

Estamos falando, no entanto, de sentimentos em seu estado nascente, bruto, que, com o desenvolvimento da personalidade, ancorado no temperamento de cada um, vai assumindo sua plasticidade peculiar, suas características próprias.

Assim, o amor se manifesta no carinho, no afago, na bondade e na gentileza, enquanto o ódio encontra na agressividade sua mais expressiva demonstração.

Temos, portanto, todos nós, lá na nossa origem (e que persiste por toda a vida), a semente de todo o amor e de todo o ódio; de toda a bondade e de toda a maldade; do Bem e do Mal.

Parte VI
Vencendo o ciúme

O ciúme por amor é uma dor apenas, forte,
[fortíssima, porém apenas uma dor.

O ciúme por amor-próprio também é dor,
[porém, mais do que isto, é ira, despeito, é
[reação do orgulho viril no que ele tem de
[mais delicado e irritável.

O ciúme por amor chora e pede; humilha-se
[e suplica. O ciúme por amor próprio brada e
[amaldiçoa, fere e mata!

Paulo de Mantegazza
(em A arte de escolher marido)

23

Olhar no espelho e se ver (de verdade!)

O poeta é um fingidor.
E finge tão completamente,
que chega a fingir que é dor;
a dor que deveras sente.

Femando Pessoa

Bem, depois de tudo o que foi dito sobre este amargurado sentimento de ciúme, e sobre os outros sentimentos que o cercam, chegou a hora de refletirmos profundamente sobre nós mesmos e sobre nossos relacionamentos. Lembrarmos que, quando começamos uma relação afetiva, geralmente estamos envolvidos por uma paixão que não nos permite ver o outro como realmente ele é. Comumente, no início de uma relação, depositamos nele um conjunto de desejos e de expectativas que quase nos cegam para a realidade.

Mas a paixão, por si só, é transitória, e a relação amorosa começa realmente quando conseguimos, como que saídos de um estado de transe, encarar a realidade.

O primeiro questionamento a ser feito é se eu me conheço de verdade, pois só assim é possível ver o outro. Se eu não me conheço bem, as minhas coisas tendem a se misturar com as de meu companheiro, formando assim uma salada geral.

Olhar no espelho é preciso! Que tal começar a me perguntar qual o meu projeto de vida? Eu confio em mim mesmo? (Mesmo incorrendo em um erro "politicamente incorreto", optou-se aqui por uma generalização do masculino. Assim, diremos, por exemplo, "seu parceiro", em vez de "sua parceira", apenas por uma questão de praticidade.) Isto é, será que eu tenho bem clara qual a minha forma de ser, de pensar, de sentir e de agir no mundo?

Há pessoas que, com o corre-corre dessa vida agitada, acabam por se esquecer de si mesmas, de seus sonhos, seus projetos, de suas expectativas. Isso vale tanto para o plano afetivo quanto profissional e pessoal. É preciso que reavaliemos constantemente nossa vida com relação a esses três planos.

Que tal começarmos?

No plano afetivo, vale se questionar: o que eu espero do meu companheiro? O que eu tenho para oferecer em troca? Será que ele corresponde à figura ideal que eu sempre busquei, ou é apenas um "quebra-galho", o que eu pude encontrar?

Qual o meu nível de satisfação ou insatisfação nesse relacionamento? Quais são as minhas/nossas dificuldades?

Eu consigo conversar franca e abertamente com ele? Ou tenho medo de falar certas coisas, e mais medo ainda de ouvir outras tantas, pois sempre soube que quem fala o que quer, ouve o que não quer?

Como anda nossa vida sexual? Melhorou, piorou ou não se modificou nada nesse tempo em que estamos juntos? Tenho alguma dificuldade em particular nesse campo? Consigo falar com ele sobre essa dificuldade? Por quê?

Qual a semelhança entre o meu parceiro atual e os que já tive anteriormente? É melhor ou pior? Ou simplesmente igual, pois eu vivo me repetindo e sempre caindo nos mesmos erros?

O que ele tem de parecido com meu pai ou minha mãe? Será que eu estou apenas repetindo uma história infantil e, portanto, me comportando infantilmente no relacionamento? [Cuidado, isso é muito perigoso! Às vezes, aquela gracinha de comunicação imitando criança no jeito de falar pode ser um indício dessa forma de compulsão à repetição.]

Nós sempre trazemos impressa em nosso inconsciente a imagem da pessoa ideal, aquela que será nosso par. Essa figura internalizada tem desde uma forma física até traços finos de caráter, personalidade e comportamento, e se origina de toda a nossa experiência de vida. A base dessa figura, segundo Jung, é um arquétipo que representa a herança milenar da experiência humana, e que pertence ao chamado *inconsciente coletivo*.

Para Jung, o inconsciente do homem guarda uma imagem complementar feminina, e o da mulher, o seu correspondente masculino, chamados de *anima* e *animus*, respectivamente. O termo *anima* sugere "alma", não no sentido religioso do termo, mas como uma parte profundamente determinante do ser, um verdadeiro complemento de seu modo exterior de existir. Todos nós temos esta "alma", que nos dá, a homens e mulheres, os elementos ditos masculinos e femininos, presentes simultaneamente no mais viril dos homens e na mais terna das mulheres.

A imagem que se forma no inconsciente tem a influência poderosa da figura "parental" (a mãe, para os homens, e o pai, para as mulheres). Há pessoas que nunca conseguem se libertar do fascínio dessas experiências, que carregam registrados o comportamento parental e, principalmente, a maneira como a criança "sente" essa vivência. A imagem que fica gravada não é, portanto, um retrato rigoroso; ela é formada e colorida por uma capacidade inata de criar uma imagem de homem (o *animus*) ou de mulher (a *anima*).

Na vida adulta, essa imagem é *projetada* nas diversas pessoas que nos atraem. Isso, naturalmente, leva a inúmeros equívocos, pois a maioria das pessoas não se dá conta de que projeta a sua imagem interior em alguém muito diferente. A projeção não pode ser controlada racionalmente; portanto a pessoa não as faz, elas acontecem, e apenas com o reconhecimento dessa situação é possível atenuá-la. Que tal pensar um pouco sobre isso?

  Retomemos a autoavaliação, agora no plano profissional: será que eu estou satisfeito com o meu trabalho? Escolhi de fato minha profissão ou fui empurrado para ela pelas contingências da vida?

  Se eu ainda estou estudando, aonde pretendo chegar? Quais são os critérios que me norteiam na escolha da profissão? Eu realmente sei quais são minhas aptidões e meus gostos? Nessa escolha que eu já fiz, será que não coloquei muita expectativa fantasiosa nela?

  É um sapato do meu número? [É sempre bom, nessas horas, lembrar da história da Cinderela e seu famoso sapatinho de cristal. Quando ela o perdeu na saída do baile no palácio, e o príncipe passou a procurar por todo o reino quem era a dona daquele pezinho encantado, muitas foram as que se candidataram a experimentá-lo. Lembre-se que algumas delas encolhiam o pé, outras chegavam a cortar um pedaço, outras ainda procuravam deixar o pé inchado para caber naquele sapatinho, que era o símbolo da felicidade eterna: casar com o príncipe! Na escolha de uma profissão (às vezes, até mesmo de um companheiro), nós nos comportamos assim... O sapato não é o nosso, mas, movidos pela fantasia do sonho encantado, metemos na cabeça que devemos calçá-lo! E todos nós sabemos o quanto é dificil passar o tempo todo em uma festa com um sapato que não é do nosso número, não?]

  Como eu me relaciono com meus colegas de trabalho e/ou de estudo? Tenho muitos amigos ou vivo retraído em um canto, sempre esperando que alguém venha me procurar? [É preciso que nos lembremos de que, mesmo sendo um pouco dificil, é sempre bom procurar alguém, ter uma atitude ativa, pois quem não escolhe, corre mais o risco de não ser escolhido!]

Claro que nem sempre a felicidade está disponível, mas, de modo geral, sinto-me bem fazendo o que faço? E se tudo isso estiver errado? E se eu estiver absolutamente perdido e nem sei o que está acontecendo na minha vida profissional/escolar?

Nesse caso, é muito prudente dar uma paradinha e reavaliar tudo novamente. Às vezes, é bem melhor recomeçar do que persistir no erro. Aquela velha história de "quem tomou o bonde errado, vai até o fim da linha" já era. É do tempo em que havia bonde... Hoje em dia, a grande valorização profissional está na busca constante por algo sempre melhor, mais condizente com as características de cada um. É claro que isso gera ansiedade, mas, lembre-se, a ansiedade é uma mão que nos empurra pelas costas e, desde que tenhamos um domínio sobre nós mesmos, é sempre bom um "empurrãozinho".

Antes de partirmos para o plano pessoal, que contém os dois anteriores e muito mais (aliás, como diz o pressuposto fundamental da Gestalt, o "todo é sempre maior que a simples soma das partes"), cabe prepararmos um pouco o terreno. Para eu poder me avaliar melhor, que tal dar um passeio pela minha história de vida? Seria bom poder fechar os olhos, por uns instantes, e dar uma voltinha pela minha mente. Uma boa música *new age* é sempre recomendável nesses momentos. Uma delas em especial, a "Caverna mágica", do harpista Andreas Vollenweider, realmente dá a sensação de se estar penetrando na caverna do nosso passado. Mas qualquer outra música serve, como aquela fita com nossas canções favoritas. Essa viagem serve para poder identificar o que do passado ainda está presente em nossas vidas, o que ainda não foi resolvido.

Uma antiga paixão, uma raiva contida, um choro nunca chorado... vale a pena pesquisar! Vamos lá!

Como eu percebo as coisas e as pessoas a minha volta e como reajo a elas?

Como anda meu relacionamento social? Poucos amigos? Muito papo jogado fora e nada de sério acontecendo? Ou tenho amigos para papo sério, amigos para papo furado, amigos sem papo, amigos, amigos, amigos...

Será que ando muito sozinho ultimamente? Tenho fugido das pessoas? Ou elas têm fugido de mim? (Opa!) Sempre que eu ligo pra alguém ele acabou de sair ou está tomando banho? [É bom verificar isso com cuidado!]

Será que eu tenho sido chato? Será que eu sou chato!? [Para algumas pessoas, a chatice é um traço da personalidade, mas, felizmente, para a maioria, é um estado de espírito transitório, ainda que demorado a passar. Mas sempre tem uma causa.]

Se eu sou/estou chato, por que será? Como eu tenho encarado minha vida no momento atual? Com otimismo, pessimismo ou indiferença? Tenho me dedicado a algo ou alguém pra valer? Como andam meus sentimentos? Ando alegre, triste, indiferente, angustiado?

O que está me afligindo no momento? Aliás, vivo aflito, angustiado, ansioso? Por quê? O que me preocupa realmente? Há uma lista de pendências e eu não consigo resolvê-las? Ando correndo pra lá e pra cá e não saio do lugar? Até quando vou ficar assim?

Mantenho o bom humor ou ando de cara amarrada, tipo *office boy* em fila de banco na sexta-feira à tarde? Meu humor tem oscilado muito? Ora estou alegre, contente mesmo, e, no momento seguinte, parece que o mundo desabou na minha cabeça, mesmo que não tenha acontecido nada?

Ando com os sentimentos à flor da pele, chorando até quando vejo comercial de gasolina? Ou só choro vendo o Jornal Nacional ou assistindo novela? O que, de fato, me mobiliza emocionalmente nesses momentos que, em princípio, não tem nada a ver comigo? Será que não tem mesmo, ou eu estou projetando alguma coisa minha nisso?

Tenho chorado muito? Por quê?

Ah, e o meu ciúme? Tudo sob controle? Meu perfil é o de ficar enciumado eventualmente, ser ciumento permanentemente ou já ultrapassei o limite do tolerável? Tenho sofrido muito com isso? Por quê? Quais são os dados de realidade nos quais me baseio para alimentar esse sentimento? Ele tem aumentado ultimamente? Com ou sem motivo?

O que eu penso da minha vida? Como eu avalio meu comportamento em relação aos outros e a mim mesmo? Meus pensamentos andam confusos, indo para um lado e para outro?

Tenho tido muitas dúvidas sobre *quando, como, onde, o que, por que* e *quanto?* Sempre fui assim, ou alguma coisa anda me atrapalhando ultimamente? O que será? Não consigo mesmo resolver esse problema? Por quê? Será que sei qual é o problema de verdade e o encaro, ou fico fingindo que não está acontecendo nada? Por que faço isso?

Tenho tido algum pensamento constante, que fica reverberando em minha cabeça? Qual? Penso, de fato, profundamente sobre isso?

Ao se fazer todas essas perguntas, está-se, na verdade, realizando um *check up* de todas as chamadas funções egoicas, que são basicamente a *sensação,* que é a percepção por intermédio dos sentidos; o *sentimento,* que pondera, valora e demonstra como reagimos aos estímulos; e o *pensamento,* que nos possibilita o entendimento e a apreensão dos significados.

Como anda minha autoestima? Minha satisfação comigo mesmo? Tenho feito coisas importantes pra mim, ou só faço o que é importante para os outros? Será que esqueci de mim? Tenho me cuidado? De verdade?

Agora, finalmente, como uma "lição de casa", que tal fazer uma pequena redação com o título: "Quem sou eu?"
Vamos lá, tente!

24
Reavaliando toda uma relação

Não há nada como o carinho de uma mulher casada.
É uma coisa que nenhum marido tem a menor ideia.

Oscar Wilde

Sim, sentir ciúme é normal. Tão normal quanto sentir saudade, por exemplo. E, assim como ela, dói um pouco no coração... dói muito, aliás. Mas, ainda como a saudade, o ciúme é um sentimento normal quando surge como resposta a uma situação real, imediata, com sua duração limitada a um tempo que nem sempre é definido, porém certamente limitado.

Quando o ciúme, entretanto, começa a se prolongar no tempo e aumentar de intensidade, alguma coisa deve estar acontecendo. A saudade, por exemplo, quando intensa e prolongada, pode gerar uma situação mais séria de depressão. O ciúme também, só que ele atua mais na esfera da angústia e da ansiedade, gerando, portanto, estados ansiosos mais persistentes.

Negar essa situação, como muita gente acaba fazendo, pode levar a uma série de consequências mais profundas, como manifestações físicas da angústia e da ansiedade, que podem ser desde uma simples, porém incômoda, dor de cabeça tensional, até manifestações mais coloridas e dramáticas, como as da Síndrome do Pânico.

Portanto, não negligencie você mesmo quando e se estes sintomas vierem a ocorrer. Dê a você mesmo permissão para sentir o verdadeiro sentimento que está por trás do sintoma, isto é, o ciúme. Só encará-lo torna possível sua resolução.

Sentir ciúme não é assim, também, um bicho-de-sete-cabeças. Mas que dói, dói! Afinal, toda nossa educação até encorajou o sentimento de ciúme como uma forma de demonstrar amor e interesse, e nossa cultura sempre abrigou a postura de se associar amor e dor. Crescemos com essa informação gravada em nosso inconsciente. Numa pesquisa feita para colher subsídios para este livro, percebi em algumas pessoas até uma certa perplexidade pela minha curiosidade em um tema tão "banal".

Por tudo isso, é natural que se sinta ciúme numa relação afetiva. Mas você já se questionou se, atrás desse sentimento tão natural, não há uma pontinha de desconfiança em relação ao seu companheiro? Geralmente o ciúme ocorre como consequência de uma desconfiança. Isso fica bem mais nítido em quem já se viu traído e não consegue esquecer o fato. Na verdade, esquecer, esquecer mesmo, não se esquece nunca, mas elaborar e redimensionar a frustração até que é possível, desde que se trabalhe muito bem esses elementos em nossa alma. Para quem não consegue "digerir" uma traição do companheiro, o ciúme passa a ser uma eterna sombra na vida.

Mas se nunca houve desconfiança no seu relacionamento, e você continua sentindo ciúme de seu companheiro, o que será que está acontecendo?

Se você conhece o seu companheiro e, mesmo assim, continua desconfiando dele, é porque ou você realmente não o conhece ou, pior, você não se conhece direito!

De qualquer forma, não deixe as coisas para lá... É terrível isso, mas uma sujeira escondida debaixo do tapete continua sendo sujeira. E, pior, pode provocar uma série de "tropeções" que acabam por machucar mais.

Vá adiante, não se intimide, não fuja! Questione-se a respeito disso tudo. Vá o mais profundo possível em sua alma. Se você confia no seu parceiro e ele nunca lhe deu motivos para sentir esse ciúme todo, pense se você não está projetando nessa relação alguma coisa de sua história. Não, nem precisa ir buscar explicações naquelas complicações de triângulo edipiano, não! Pense na sua história recente. Será que em algum antigo relacionamento não ocorreu de você ter sido enganado? Se foi, não será isso que continua como uma ferida aberta dentro de você, mesmo que você não queira acreditar? Às vezes, velhas feridas, quando são profundas, custam muito pra cicatrizar. E não basta apenas o tempo para que essa cicatrização ocorra; é preciso também cuidar do machucado, o que, muitas vezes, implica a difícil tarefa de cutucar, mexer nele, colocar remédios que ardem... é, não é fácil. Outras feridas, aquelas mais antigas, da nossa infância, costumam incomodar um pouco mais. Mesmo depois de tratadas, ainda deixam uma marca, uma cicatriz. É como aquela história de osso quebrado. Toda vez que faz frio ou chove, ele dói. É preciso aprender a conviver com isso.

Se de fato, depois dessa investigação, você conclui que não há motivo nenhum aparente, por que raios o ciúme persiste?

Você já parou para perceber se há cumplicidade entre vocês? Se vocês dividem suas angústias, seus projetos, suas decepções? Se, mesmo mantendo a individualidade de cada um (e isso é mais do que importante), vocês têm um projeto de vida juntos?

Será que houve alguma coisa, por mais insignificante que possa parecer, que tenha ocorrido e "quebrado" a relação? Alguma decepção, talvez?

Com Rosângela, uma jovem dona de casa, aconteceu nesse sentido uma situação muito curiosa, e muito sofrida. Ela é casada com um executivo de sucesso que, devido a uma dessas crises econômicas, acabou perdendo o emprego numa instituição financeira multinacional de grande porte, por conta do seu alto salário. Como foi de uma forma inesperada, Mílton, seu marido, caiu em profunda frustração, tangenciando mesmo um estado depressivo.

Passou a achar que nunca mais arrumaria emprego e que nada mais da vida fazia qualquer sentido.

Mesmo compreendendo toda a situação, Rosângela começou a ter um estranho sentimento em relação a ele. No começo, bem rapidamente, sentiu pena dele, mas como pena é um sentimento que dá pena, o sentimento foi reprimido. Logo depois, passou a se sentir enciumada, quando ele saía de casa todo arrumado para mais uma nova entrevista. Passou-se muito tempo e Mílton não conseguia um emprego que ele considerasse digno.

Do ciúme, Rosângela passou, então, a se sentir um tanto quanto desconfortável na sua presença. Ela mesma não sabia explicar o que estava acontecendo, mas alguma coisa havia mudado dentro dela. Parecia que não havia mais aquele amor, aquela admiração que ela sempre sentira por ele. Mílton havia caído do pedestal!

Pode-se até cogitar que isso seja uma infantilidade de Rosângela, mas a verdade é que seu amor acabou na hora em que ela percebeu que Mílton não era o super-homem que ela sempre idealizara. Ocorreu algo assim melodramático, porém bastante verdadeiro, do tipo "meu mundo caiu!".

Ela não queria admitir isso, pois feria seu orgulho, sua moral, suas convicções, sua razão... mas as nossas emoções não obedecem à nossa razão. Na maioria das vezes, as emoções esmagam a razão. Assim como diz Daniel Goleman:

> Apesar das pressões sociais, as paixões repetidas vezes esmagam a razão. Esse dado da natureza humana vem da arquitetura básica da vida mental. Em termos do plano biológico dos circuitos neurais básicos da emoção, aqueles com os quais nascemos são os que melhor funcionaram para as últimas 50 mil gerações humanas, não nas últimas 50 — e certamente não as últimas 5. As lentas e deliberadas forças da evolução que moldaram nossas emoções têm feito seu trabalho ao longo de um milhão de anos; os últimos 10 mil — apesar de terem assistido ao rápido surgimento da civilização humana e à

explosão demográfica humana de 5 milhões para 5 bilhões de indivíduos — quase nada imprimiram em nossos gabaritos biológicos para a vida emocional.

Mas, mesmo num caso complicado como o de Rosângela, por que não arrumar um tempo, junto com o seu companheiro, e dividir com ele suas angústias e temores?

"Ah, isso pode ofendê-lo" — alegam alguns. Sim, de fato, pode causar bastante constrangimento, mas não é melhor ponderar sobre a adequação, ou não, dessa conversa num momento propício, em vez de descartá-la logo de início?

"Ah, mas não há tempo para conversar sobre isso, com tanta coisa mais importante acontecendo... " — alegam outros. Sim, há muito mais o que conversar, mas nós sempre arranjamos o tempo para as coisas que realmente queremos, não é verdade?

Se há algum problema no relacionamento que o ameaça, não lhe parece de bom-tom colocá-lo como prioridade?

É sempre bom lembrar que, quando se fala de conversar com o companheiro, não quer dizer bater papo sobre os preços do supermercado, as faltas da faxineira, os objetos da casa que ele quebrou na semana passada, a crise do comunismo ou o futuro da economia neoliberal. Trata-se de di-a-lo-gar!

O verdadeiro diálogo pressupõe uma troca efetiva de comunicação, em que ambos falam e ambos são ouvidos. Isso parece óbvio, mas nem sempre é assim que ocorre. Muitas vezes, alguém fala, mas, por medo da resposta, acaba não ouvindo o que o outro está dizendo. Escutar, escuta, mas não ouve de fato.

Evoco aqui aquele conceito da empatia — a nossa capacidade de perceber o outro —, ampliada para os dois parceiros. Ambos devem possuí-la para que se estabeleça uma verdadeira relação dialógica. Ambos devem estar dispostos a "abrir suas almas" para (até) a possibilidade de um confronto. Isso vale também, e acredito até que principalmente, se você é o outro lado da questão, isto é, aquele que sofre com o ciúme de seu parceiro. Já lhe ocorreu que, se ele sente ciúme, você pode estar fazendo alguma coisa, consciente ou inconscientemente, para a manutenção do problema?

Uma forma mais ampla de se pensar numa relação é encará-la como efetivamente composta por todos os envolvidos, isto é, mesmo que as manifestações de uma das pessoas sejam devidas a problemas particulares dela, de alguma forma o outro está contribuindo para, se não gerar, pelo menos manter, ou até alimentar essa situação.

Se o seu parceiro sente ciúme, ele certamente tem uma razão para isso! Você pode até achar que é problema de infância dele, problemas de ter sido mal-amado, problemas no trabalho, tensão pré-menstrual (no caso da parceira, é claro!), seja lá o que for, mas isso tudo não o desresponsabiliza pela sua parte na questão.

Talvez o problema seja mesmo fruto da imaginação dele, mesmo de uma imaginação doentia, mas se ele o imagina, então é real para ele. E de uma realidade cruel, você sabe!

Negá-lo, ignorá-lo, provocá-lo, desqualificá-lo não ajuda nada. Muito pelo contrário, pois essas atitudes servem apenas para ampliar a insegurança de seu companheiro e alimentar o ciúme que, um dia, por causa de um pequeno incidente sem importância, poderá explodir de forma surpreendente, desencadeando um verdadeiro mecanismo em "bola de neve", que é muito difícil de segurar.

Que tal se você pudesse pensar um pouco dessa forma: bem, não posso mudá-lo, mas eu poderia rever a maneira como tenho levado minha vida e, principalmente, como tenho tratado nossa relação e meu companheiro.

Olhe cuidadosamente para si mesmo! Há quanto tempo você vem convivendo com essa situação? O que tem feito para modificá-la? Aliás, você já pensou efetivamente nisso? Se você se acomodou a ela, certamente há uma grande parcela de responsabilidade sua no que está acontecendo.

A sua responsabilidade pode residir simplesmente (embora isso não seja pouco) no seu próprio jeito de ser. Não que seja errado ou inadequado, mas será que você não é uma pessoa alegre, extrovertida, atraente, sedutora, de bem com a vida e que, portanto, faz amizades facilmente, ocupa lugar de destaque nos ambientes que frequenta? E, para complicar a situação, não será seu companheiro exatamente o oposto? É muito comum a associação de pessoas com características de personalidade exatamente opostas, como naquele antigo desenho animado do leão e da hiena. Nessas duplas, o introvertido precisa do extrovertido para ampliar sua possibilidade de "existir" no mundo, devido aos seus medos e inibições. O extrovertido, por sua vez, precisa do introvertido para refrear sua ânsia muitas vezes sem limite. Isso é bom para ambos durante um certo tempo, pois fazem exatamente complementar um o outro, dando equilíbrio à relação, mas logo, logo, essa situação passa a ser um "cabo-de-guerra", cada um puxando para o seu lado, incomodando o outro.

Será que você não tem se dedicado demasiadamente ao trabalho, aos amigos, à televisão, às novelas, aos telejornais, à Igreja, ao computador, aos filhos, à sua família de origem, ou a tudo isso junto, esquecendo-se de seu companheiro? Se tem sido assim, deve haver um motivo para isso. Você já parou para pensar qual é?

Certamente é inconsciente, mas será que você não sente até uma ponta de satisfação ao perceber seu companheiro com ciúme? Isso não o envaidece, "alimentando" seu *ego*, pois lhe parece não apenas uma forma irrefutável de demonstração de amor por você, como também (e aí tem uma questão menos nobre) uma maneira de manter uma posição de poder, de hierarquia, na relação?

Ou, aprofundando um pouco mais, não há até um quê de prazer em ver seu companheiro sofrendo? Reflita bem... É muito difícil reconhecer isso, mas não deixa de ser uma possibilidade que, por mais difícil que possa parecer, não é tão remota assim! Principalmente quando há uma grande mágoa guardada, seja dele mesmo ou projetada nele. Não é totalmente absurdo acontecer de sua parte inconsciente querer se "vingar" em seu parceiro.

Todos nós sabemos que uma relação sadomasoquista só acontece com os outros, mas será que, nesse caso, os outros não somos nós? Você sabe, o nosso inconsciente tem segredos sem nenhuma lógica que, quando encontram segredos complementares no inconsciente de nosso companheiro, fazem uma festa infernal!

É claro que nós não temos controle sobre nossas motivações inconscientes, mas o inconsciente não é dos outros, é nosso, e por isso temos que ter uma certa responsabilidade sobre ele. Essa responsabilidade se traduz, em primeira instância, em estar atento a todas essas possibilidades. O que fazer com elas depois, já é outro assunto!

Reavaliando todas as relações

... mas na voz que canta tudo arde
tudo é perda, tudo quer buscar, cadê
tanta gente canta, tanta gente cala
tantas almas esticadas no curtume
sobre toda estrada, sobre toda sala
paira, monstruosa, a sombra do ciúme.

Caetano Veloso

A grande preocupação em relação ao ciúme é, sem dúvida, na relação amorosa. Entretanto, o "monstro de olhos verdes" pode também aparecer num sem número de situações, muitas delas já descritas no decorrer deste livro, e que também causam desconforto e sofrimento para quem o sente e para quem sofre com a desconfiança de alguém.

Uma das principais situações em que o ciúme aparece é na relação de um dos companheiros com seus amigos. É mais comum ver-se a mulher enciumada em relação aos amigos do marido, mas o inverso também pode acontecer.

O que costuma ocorrer quando o marido possui um círculo extenso de amizades é a mulher se sentir excluída, algo assim como "roubada" pelos tais amigos e, num misto de ciúme e inveja, declarar uma "guerra fria" contra o marido. Situação essa que, diga-se de passagem, só gera mais conflito, pois o clima em casa acaba se deteriorando e o afastamento é a solução encontrada pelo marido para se ver livre das pressões e cobranças que recebe.

Por não ser continente, a mulher (ou mesmo o marido, na mesma situação) acaba por afastar o companheiro em direção aos amigos, que parecem compreendê-lo mais e melhor, formando um tipo de cumplicidade que ela não consegue obter. Na verdade, os amigos conhecem melhor seu companheiro que ela mesma.

A solução é sempre a mesma: diálogo, diálogo, diálogo! Muito diálogo!

Cobrança não resolve nada e só complica mais as coisas. Mendigar ou, no inverso, exigir atenção também podem ter efeitos adversos, pois, em ambos os casos, colocam o companheiro na defensiva, provocando mais afastamento.

No extremo, pode-se fazer como aquela anedota em que o machista, ao se casar com a feminista, vai logo dizendo na volta da lua de mel:

— Bem, comigo é assim: às segundas e quartas, tenho jogo de pôquer com os amigos da adolescência até as cinco da manhã; às terças e quintas, jogo de tênis com os amigos do clube até a meia-noite; sexta-feira é dia de tomar um chopinho com os colegas de trabalho, sem hora pra voltar pra casa; e aos sábados, futebol e churrasco!

Ao que a mulher responde:

— Bem, comigo é assim: aqui em casa se transa todo dia às oito da noite, esteja o marido em casa ou não!

Às vezes, essa forma mais truculenta de relação pode promover resultados positivos, mas os riscos são obviamente muito grandes e sua eficiência não é duradoura. Continuo achando que a melhor maneira é mesmo a de se manter o canal de comunicação sempre aberto. Conversar bastante e até estimular um certo grau de individualismo do companheiro consolida mais a cumplicidade e torna a convivência mais agradável.

Agora, não se anule! Não fique em casa choramingando, que isso certamente não lhe fará bem e irá criar a plataforma para o desconforto e as cobranças. Não deixe de ter sua própria vida, seus amigos, suas atividades, seu lazer. Lembre-se que uma relação se faz com três entidades: o NÓS, que é o preponderante, sem aniquilar o EU e o TU, isto é, enquanto temos muito para viver em comum, pois fazemos *parte* um da vida do outro, nenhum *é* a vida do outro e, portanto, cada um tem sua própria vida.

Outra relação extremamente perigosa pode surgir no convívio com os pais do companheiro, os sogros! Particularmente para a mulher, conviver com um homem que não tenha resolvido satisfatoriamente sua relação edipiana com a mãe, as coisas podem ficar bastante complicadas. Não é incomum as querelas entre sogra e nora pela atenção do filho/marido... Muitas mães exercem, veladamente ou não, fortíssimas chantagens sobre seus filhos homens, na competição com a nora pelo seu amor e companheirismo. E são muitas, também, as mulheres que entram nesse jogo e passam a disputar com a sogra. O homem, nesse caso fragilizado e inseguro, não sabe como reagir, não consegue impor limites nem a uma, nem a outra, e se perde uma divisão insuportável.

Quando a situação atinge níveis críticos, então, com a disputa assumindo características declaradas pela presença, por exemplo, em locais diferentes na mesma data, o nível de tensão cresce muito, pondo até em risco a relação conjugal. Não é raro acontecer um confronto direto entre sogra e nora, e ambas exigirem dele seu apoio.

Quando a ligação edipiana é forte, mesmo contrariando princípios racionais, a escolha recairá invariavelmente sobre a mãe, e aí é o caos! Não há saídas muito saudáveis para essas situações, pois o problema em si envolve questões de dinâmica pessoal mal resolvidas; contudo, uma possibilidade de atenuar o conflito é, sem dúvida, não entrar na competição. Diz aquele velho ditado que "se não se pode vencer ao inimigo, alie-se a ele". Uma boa relação com a sogra pode minimizar o desconforto, embora não o resolva definitivamente.

Do lado feminino, a situação costuma ser mais amena. Muitos pais têm ciúme doentio de suas filhas e sentem aquela dor no coração por entregá-las a "um estranho", mas, como habitualmente são mais discretos, tanto genro quanto sogro acabam por encontrar uma fórmula tácita de acordo, evitando assim maiores confrontos. Não que eles não existam, mas geralmente obedecem a regras da *noblesse oblige* e são poucos os que acabam em baixaria.

Certa vez, um amigo meu, pai de uma garota de pouco mais de 20 anos que acabara de se casar, desabafou para mim: "a gente cria uma filha, dá estudo pra ela, dá carinho pra ela, dá amor pra ela, dá um piano pra ela e é triste ver que vem um sujeitinho qualquer e leva embora a filha, o carinho, o amor, o estudo e até o piano!"

Cabe ainda mencionar aqui que a relação com cunhados e cunhadas também tem lá seus dissabores... Nesse caso, a competição pode atingir níveis enormes em pouco tempo, pois são relações geralmente igualitárias, sem nenhuma hierarquia de respeito, ampliadas por sentimentos de inveja, o que torna fácil descambar para a baixaria. Mais uma vez a solução é estar atento para isso tudo e não deixar as coisas evoluírem ao ponto de ultrapassar o limite da reversibilidade.

Outra situação conjugal que gera muito ciúme costuma ser a relação com os filhos. Principalmente naquelas fases mais particulares em que o filho homem se aproxima mais da mãe, deixando o pai completamente de fora, ou da filha mulher que dá preferência à relação com o pai.

Fazer aquele jogo arcaico do "de quem é que você gosta mais, da mamãe ou do papai?" nem pensar! Repare bem que as crianças amam igualmente ambos os pais, embora efetivamente apresentem fases de maior aproximação com um ou com outro. Transformar isso num "cavalo de batalha" gera uma insegurança enorme na criança, pois sua divisão interna pode atingir níveis insuportáveis.

No caso de separação dos pais, então, a inevitável tendência de se procurar aliados entre os filhos é o principal tormento de qualquer criança. Principalmente se são muito jovens, não há qualquer possibilidade de um juízo crítico adequado, existindo apenas o sentimento mortal de perda de um dos pais, o que deve, a todo custo, ser evitado. Isso não significa, em absoluto, que os companheiros que não se dão bem, cuja relação já se deteriorou completamente e que passam a maior parte do tempo brigando, devam "viver-juntos-por-causa-dos-filhos". Essa situação, além de gerar um enorme sentimento de culpa nas crianças em relação aos pais (afinal, eles estão juntos só por causa delas!), gera também uma ambiguidade de afetos, pois é inevitável o "ter que tomar partido".

O importante é sempre lembrar às crianças que, se eventualmente houver a separação dos pais, eles jamais deixarão de ser pais delas. Mesmo separados, pai será sempre pai, e mãe, sempre mãe. E não é apenas um discurso para ser feito a fim de apaziguar as crianças; mais do que isso, é uma atitude real a ser tomada.

Se, antigamente, ter os pais separados era uma raridade, e as crianças, na escola, muitas vezes tinham até vergonha disso, hoje a situação é exatamente o oposto: ter os pais ainda casados é que é a exceção. Portanto, não deixe que a "desculpa das crianças" seja um motivo racionalizado para manter uma relação que já se acabou. Lembre-se de tomar muito cuidado para não fazer das crianças os "bodes-expiatórios" de seus infortúnios. O "jogo" dos pais recaindo sobre as crianças provoca, sem dúvida nenhuma, uma série de danos emocionais que provavelmente se perpetuarão por toda a vida delas. Isso gera insegurança, medo, desconforto, tensão... clima mais do que propício para o surgimento do ciúme.

Permita-lhes crescer com segurança e afeto, pois mais tarde, ao ver seus filhos felizes em suas vidas, você terá muito orgulho; por outro lado, será grande sua tristeza por se sentir responsável pelas dificuldades vivenciais deles!

O ciúme dos pais em relação aos filhos e vice-versa também ganha destaque quando interfere no comportamento habitual dos envolvidos. A clássica relação tão delicada de mãe relativamente jovem com a filha adolescente é um exemplo que pode atingir características dramáticas, quando o ciúme de ambos os lados envenena a relação. A mãe tende a manifestar como *ciúme* um sentimento inaceitável, e portanto reprimido, de *inveja* pela juventude florescente da filha, pela sua vivacidade e amplitude de horizontes; sentimento esse que tanto mais se manifesta quanto maior é a liberdade individual da filha e menor o grau de realização pessoal da mãe. Mães frustradas (infelizmente existem muitas) deixam escapar atitudes movidas pela raiva, disfarçadamente ou não, tentando cercear a vida da filha.

A filha, por seu lado, também não fica imune ao sentimento de ciúme pela mãe, principalmente quando é ela a retraída e tímida, cheia de medos e espinhas, tendo que enfrentar a monstruosidade do mito materno de sucesso e realização. A forma como o ciúme/inveja geralmente se manifesta, nesses casos, pode ser a da clássica "rebeldia sem causa", que é "sem causa" apenas aparentemente, uma vez que a real motivação está escondida nas cavernas do inconsciente.

Isso tudo pode parecer absurdo, mas nosso inconsciente continua seguindo suas regras próprias e quase sempre perversas, e a verdade da vida não é o sonho de igualdade, liberdade, fraternidade e solidariedade que fingimos acreditar. E é justamente por não querermos aceitar essa dura realidade que os sentimentos inaceitáveis se comprimem no nosso inconsciente e forçam uma maneira de escapulir, fazendo com que as coisas se compliquem e a sua manifestação distorcida cause mais estrago ainda.

Outro exemplo comum é o ciúme do pai em relação às filhas que começam a "ficar" com os garotos da turma. O mecanismo de defesa do *ego* de projeção costuma funcionar, nesses casos, a todo vapor: "os outros estão fazendo com as minhas filhas o que eu fiz (ou ainda faço) com as filhas dos outros!" E isso é terrível! Pior, o comportamento repressor do pai serve apenas para afastar mais as filhas dele. Se o objetivo era ter o controle completo, com o comportamento castrador, amarga ironia, perde-se completamente o controle. E, com isso, perde-se a grata oportunidade de estar realmente ao lado de quem se ama muito, para quem se tem uma importância enorme e cujo acolhimento aconselhador pode, se não impedir, pelo menos atenuar uma série de aflições que a própria natureza da vida apresenta.

Aqui não é o local apropriado para se discutir mais profundamente esse tema, mas é sempre bom aproveitar a oportunidade para ressaltar a importância da verdadeira relação dialógica em todos os aspectos da vida. Se a atitude compreensiva, acolhedora e aberta ao diálogo em relação ao outro não é garantia absoluta de cumplicidade e fidelidade, ela é, ao menos, o melhor caminho para uma vida de relação mais equilibrada, solta, alegre, unida.

O ciúme também pode se refletir na relação entre os irmãos, e é, geralmente, a maior causa de brigas entre eles. A atenção dirigida em maior grau a um dos filhos certamente gerará ciúme nos outros. E essa situação é delicadíssima quando, de fato, por um motivo particular, um dos filhos recebe mais destaque que os outros, seja por uma qualidade excepcional, seja por uma doença crônica que exija mais cuidado permanente.

Lorri Payton, uma terapeuta norte-americana de casais e famílias, em vias de publicar um livro de autoajuda sobre os dramas e aflições familiares, conta seu próprio caso como exemplo: seu único irmão, nascido com um suposto problema cardíaco, há mais de 40 anos, sempre foi cercado dos maiores cuidados por parte dos pais e avós. Ela, por seu lado, sentiu-se sempre em segundo plano, convivendo com a angustiante situação de, além de preterida e forçada a também proteger o irmão, evitando quaisquer confrontos com ele, carregar a pesada culpa por ter raiva e ciúme do irmão doente.

Para ela, o que na infância parecia ser um castigo, contudo, gerou um comportamento de autodeterminação imenso, levando-a a aprender a lidar com suas próprias dificuldades sozinha, conseguindo superar o estigma da exclusão. O caminho, diz ela, foi árduo e espinhoso, mas a participação de seus pais, não ignorando a situação concreta e reservando um espaço para conversar com ela e lhe mostrar a sua própria importância, foi fundamental para criar o terreno fértil em que floresceu sua espontaneidade.

Portanto, se você perceber o ciúme entre seus filhos, manifestado abertamente ou em competições inadequadas, não os ignore, fingindo que nada acontece. As brigas por ciúme entre as crianças podem desestabilizar toda a família, pois suas manifestações podem atingir graus elevados de dramaticidade.

A criança que é mais seriamente atingida pelo ciúme age e sente como se fosse uma infeliz vítima dos outros e, portanto, reage com birra e agressividade. Seu constante mau humor, sua infelicidade flagrante, seu comportamento manipulativo e sua fadiga expressiva podem ser, entre outros, sinais importantes do desenvolvimento de uma personalidade frágil e vulnerável.

Pare um pouco para conversar com eles sobre isso; ouça-os em suas queixas e reclamações; mostre-lhes que todos têm sua importância; não os desconfirme; dialogue! Não deixe esse sentimento reprimido, pois como uma bomba-relógio de efeito retardado, isso tudo explodirá, no futuro, com uma violência muito maior.

Mas antes, se sua criança apresenta problemas com o ciúme e você realmente deseja ajudá-la, olhe primeiramente para si mesmo, pois a origem pode estar num comportamento seu, que lhe passa despercebido. Observe, por exemplo, o quanto de atenção efetiva você tem dedicado a seu filho. A atenção não se mede pela *quantidade* de tempo que vocês passam juntos, mas pela *qualidade* dessa atenção. Nas atribulações da vida moderna é muito comum nós nos perdemos em uma série de atividades e preocupações, sem nos darmos conta daqueles que estão fisicamente mais próximos de nós. A proximidade física é extremamente enganosa, pois camufla uma ausência existencial e participativa, que é, na realidade, a mais importante.

Tome cuidado, também, com as quase sempre inevitáveis comparações. Para obter um determinado comportamento dos filhos, os pais quase sempre procuram alguém para oferecer como modelo de adequação; a famosa frase "mas o fulaninho não faz assim como você, ele sim é um bom menino!" tem, geralmente, efeitos desastrosos na estruturação da autoestima da criança. Afinal, cada um é um indivíduo, e as comparações só servem para impor modelos exemplares que, quase sempre, não são compatíveis com o temperamento da criança em questão.

Nos dias de hoje, com os "recasamentos" cada vez mais comuns, surge uma nova situação, aquela vivida entre os "irmãos" meus, seus e os nossos. Cuidado com isso! A delicadeza dessa situação exige uma habilidade que nem sempre é fácil de se ter. Não se esqueça que à nova família pertencem todos eles. Ainda que os ex-cônjuges também tenham participação importantíssima, não é possível se furtar da responsabilidade de tratar a todos por igual. Um pequeno detalhe são as fotos na mesa do escritório... é muito pouco, mas é o começo para o reconhecimento. Mesmo sendo "tio" ou "tia", a participação atinge obrigações que vão além do comum.

É preciso saber enfrentar essa situação com maturidade e consciência, principalmente quando vier alguma "mensagem" atravessada do ex-cônjuge via crianças. Não descarregue sua raiva nelas. Aqui o "jogo" pode ser muito mais perigoso, exigindo uma atenção redobrada.

Quando há um recém-nascido na história, então, vem ciúme de todos os lados: dos meus, dos teus, dos nossos e, até, do pai, dos pais, das mães, dos avós...

A presença de um bebê, por si só, gera uma sensação de exclusão por parte do pai e dos outros irmãos e meio-irmãos, originando sentimentos de ciúme dolorosíssimos, que em geral são deslocados inconscientemente para outras situações como, por exemplo, em um mecanismo de formação reativa, ou um injustificável medo de doença no bebê.

A sugestão?

Converse, converse, converse! Converse com as crianças e com seu companheiro. A velha ideia de um "conselho familiar" muitas vezes ajuda muito!

O autoconhecimento ajuda muito nesses momentos, pois evita que você misture todos os sentimentos e acabe transferindo para as crianças aquelas emoções que ficaram guardadas dentro do inconsciente. Cuidado para que as relações transferenciais não se sobreponham às reais, levando-o a fazer avaliações enganosas, principalmente em momentos de intensa emoção. Antigas feridas, que pareciam até já cicatrizadas, costumam abrir e contaminar tudo. Pare, reflita, respire fundo, conte até 500 mil se for necessário, mas não perca o controle.

Se há um lugar privilegiado para surgir ciúme (além da família, é claro) é o emprego ou a escola. Qualquer distinção pode gerar ciúme e inveja nos outros, acabando nas tradicionais fofocas, insinuações e desaforos. E não pense que isso ocorre apenas em seu lugar de trabalho ou sua escola. Afinal, costumamos passar cerca de um terço de nosso dia enfiados em um emprego que acaba sendo uma extensão de nós mesmos. É comum para muitas pessoas dirigirem suas energias, geralmente negativas, para a criação de um ambiente hostil e desagradável de competição e inveja. Mas antes de culpar os outros por todas as fofocas a seu respeito, pense um pouco que "onde há fumaça, deve haver fogo"! Não que você seja totalmente culpado pelo "fogo", mas, pense bem, não teria você dado algum motivo para que isso acontecesse? Às vezes, inconscientemente, entramos na competição sem nos darmos conta e, quando percebemos, já estamos totalmente emaranhados.

Foi o que aconteceu com Eliana, uma jovem, bonita e eficiente funcionária de um hospital público. Além de se destacar pela beleza, que a tornava alvo das mais descaradas e atrevidas paqueras de quase todos os médicos e funcionários da instituição, sua *performance* profissional agredia a letargia do serviço público. Acrescente-se a isso a sua vaidade, sempre discretamente bem vestida e maquiada, com grande simplicidade, mas enorme destaque.

Era demais para a inveja e o ciúme das preteridas e dos preteridos também.

Para as outras mulheres, Eliana virou aquela "sujeitinha". Para os homens, aquela "metidinha" (que muitos faziam questão de deixar um duplo sentido nesta expressão). Foi tanta a pressão que ela, ainda que aguentando por dois anos, acabou por largar o emprego...

... Para ir arrumar confusão em outro lugar, é claro!

Sim, porque não importa o ambiente em que você esteja, as situações serão sempre as mesmas, simplesmente porque você é você, e carrega consigo suas características onde quer que esteja. Não que você tenha que ser feia, burra e incompetente para se livrar dessas situações (embora isso ajude muito!), mas perceba que, quando alguém nos trata com indelicadeza ou mesmo agressividade, em vez de reagir "na mesma moeda", nós podemos olhar um pouco mais ampla e profundamente a questão e detectar as causas, as raízes e as ramificações que compõem o problema, tanto do nosso lado quanto do outro.

    Nessas situações do cotidiano de trabalho, a causa pode ser o ciúme gerado no outro por uma posição de destaque e até certo atrevimento que você apresente (aliás, hoje em dia, estes são quesitos fundamentais para o bom profissional). Se você reagir à raiva e à frustração do outro com a mesma agressividade — ou até indiferença —, você se tornará parte do problema, e não da solução.

    E de novo, qual é a solução? Converse, converse, converse! É difícil, mas procure se colocar no papel do outro. Tente perceber como ele é e trate cada pessoa adequadamente, com sinceridade. Faça a sua parte, tratando-os com respeito até mesmo pelos seus próprios sofrimentos. Veja-os através dos olhos deles e, em uma situação mais complicada ainda, veja-se através dos olhos deles.

    Como pudemos enumerar, são várias as situações às quais ficamos expostos diariamente, de modo que não é possível se preparar para cada uma delas. Mesmo em nosso círculo de amizades, o ciúme e a inveja aparecem estragando relações que pareciam firmes e duradouras.

    Mas, o que há de comum em todas as situações?

    Ora, o que a não ser você mesmo! Olhe para si e para o que acontece à sua volta, atentamente. Conheça-se, reconheça seus alcances e limites e, mais, perceba para onde você está dirigindo sua vida, seus projetos. Avalie a forma como você está agindo para atingir seus objetivos; preste atenção aos detalhes. Não deixe seus sentimentos correrem soltos, sem identificá-los, nem saber a sua causa. Só você é responsável por você!

Recomendações úteis

Considera como te é árduo mudar a ti mesmo, e compreenderás quanto tênues são tuas possibilidades de mudar os outros.

Anônimo (citado por Mansour Challita)

Cada um de nós, em nossa particularidade, deve encontrar uma forma toda pessoal de identificar e lidar com o sentimento de ciúme. Não há fórmulas mágicas, infelizmente, mas algumas recomendações bastante generalizadas podem ajudar a encontrar alguma solução possível.

Na edição do verão de 1995 da *Loving More Magazine* (uma revista eletrônica distribuída pela Internet), Mitch Slomiak faz uma série de recomendações àqueles que querem se livrar do ciúme. Baseado nessas recomendações, complementando-as, modificando-as e/ou adequando-as à nossa realidade, aqui vão alguns conselhos que valem a pena ser observados:

- **Para quem sente ciúme**

1. Não entre em pânico!
2. Seja condescendente consigo mesmo. O ciúme tem muitas causas possíveis, e senti-lo não significa necessariamente uma doença nem mesmo uma inadequação à vida. Muitas vezes, embora nem sempre, é mais do que normal sentir ciúme.
3. Não brigue! Converse com o seu parceiro sobre o que você está sentindo. O ciúme é, geralmente, associado à insegurança e a sentimentos de solidão e abandono.

Compartilhando com seu companheiro, você se sentirá melhor. Experimente!

4. Tente perceber o que desencadeia a crise de ciúme. Será que existe algum acontecimento especial que funcione sistematicamente como "gatilho" para a crise? Existe algum pensamento obsessivo que insiste em incomodá-lo? Com um pouco de esforço, é possível treinar-se para reagir de maneira diferente da habitual, dissolvendo a sequência de pensamentos fantasiosos que levam ao ciúme. Tente!

5. Seja firme com o seu parceiro, sem ser chato! Demonstre preocupação com o que este seu sentimento pode provocar na relação de vocês. Pergunte-se, e a ele, o que ambos podem estar fazendo para gerar essa condição. Lembre-se que, assim como ninguém é louco sozinho, ninguém sente ciúme (ou qualquer outra emoção) por acaso.

6. Não o culpe e nem se culpe de início. Seja paciente e revise os acordos de fidelidade que há entre vocês. Aliás, há acordos?

7. Seja flexível e habitue sua estrutura de relacionamento às suas necessidades, expectativas e capacidades.

- **Para quem convive com o ciumento**

1. Não entre em pânico! (Muito menos pense que seu parceiro descobriu tudo...)

2. Confirme, isto é, aceite o sentimento dele. Ele está realmente sofrendo. Não vá dizendo logo de cara: "Você é louco! Como você pode pensar isso de mim? Justo eu que dou tudo pra você!" (Isso só irrita e complica mais as coisas).

3. Espere a crise passar. Não queira encontrar soluções mágicas no meio dela, pois isso só complica e confunde. Compreenda e aceite!

4. Diga-lhe, firme e acolhedoramente, que esse sentimento, embora válido como qualquer outro, lhe é particularmente desagradável e que, para que a harmonia entre vocês se restabeleça, é preciso descobrir a origem desse ciúme (infundado).

5. Não aja como se o seu parceiro fosse um louco ou pecador por se sentir assim. Ele realmente não tem controle consciente sobre esse sentimento e não o sente "só pra contrariá-lo!". Atribuir-lhe culpa e ser-lhe hostil levam à humilhação e, consequentemente, à diminuição da autoestima, o que aumenta o ciúme. Além disso, provocam raiva e depressão. Realmente, não vale a pena!

6. Questione delicadamente o seu companheiro, avaliando com ele o quanto desse ciúme não está associado a outros medos que ele apresenta. Pode ser que haja algum outro tipo de problema, escondido nas entrelinhas de seu relacionamento, e essa é uma boa oportunidade para se trabalhar a questão pendente. Será que você não tem dado tanta atenção quanto gostaria? Questione-se!

7. Pergunte ao seu companheiro como você pode ajudá-lo, e ouça com atenção ao que ele lhe disser. Nem sempre todos os desejos e necessidades podem ser satisfeitos, mas com um pouco de boa vontade é possível melhorar muito as coisas.

8. Seja flexível! Talvez você possa, temporariamente, dar uma trégua e fazer algumas pequenas concessões, para ajudar seu companheiro a solidificar uma relação de maior confiança. Mas cuidado com isso! Fazer pequenas concessões não significa anular-se e satisfazer a todas as exigências, principalmente as que lhe pareçam realmente absurdas. Converse bastante sobre isso com ele.

9. Seja paciente! Não se marca horário para as conversas emocionais. Não deixe para depois do almoço de domingo ou para o sábado à tarde aquilo que é urgente e os perturba agora.

10. Se você ama o seu parceiro e está realmente empenhado nessa relação, então permita-se explorar calma e profundamente todas essas emoções.

Com tudo isso, no mínimo vocês estarão bastante tempo juntos! Por outro lado, se o ciúme do seu companheiro transpõe a barreira do aceitável, do assim digamos "normal", em maior ou menor grau, o caminho correto é procurar uma ajuda profissional, pois o caso pode ser mesmo de uma doença.

Considerações finais

O ciumento passa a vida tentando descobrir o segredo que irá destruir a sua felicidade.

Oxenstiern

Bem... chegamos finalmente ao término de nossa viagem. Tentamos por vários meios entender o ciúme, este estado de espírito tão complexo, tão repleto de divagações e interpretações, que se justifica o interesse de seu estudo e da vontade de se livrar dele.

Mortimer Adler, em um verbete da *Enciclopédia Britânica*, assinala que grandes pensadores como Spinoza, Aristóteles, Locke ou James não listaram o ciúme como uma emoção (ou paixão), talvez por considerá-lo não um simples sentimento, mas uma construção social que abrange vários outros sentimentos (como amor, ódio, medo, cobiça, raiva, orgulho), desencadeando uma plêiade de reações diferentes, sintônicas ou distônicas a real ou imaginária fonte desses sentimentos, e acompanhando, de certa forma, as normas e os valores de determinados grupos humanos, em épocas específicas do desenvolvimento da história da humanidade.

Assim, viemos desde a mitologia grega e as passagens bíblicas, com suas histórias sempre marcantes em nosso inconsciente coletivo e individual, dando forma e conteúdo para as mais diferentes manifestações do ciúme e reações a ele.

Passamos por Freud, que, na síntese de suas observações sobre o tema, acabou nos legando uma classificação em três tipos: normal, competitivo (ou edipiano) e delirante. Suas observações, hoje em dia, parecem um pouco simplificadas, pois ele apenas considerou (aliás, como em quase toda sua obra) uma visão estritamente masculina, que, independente de revelar um certo traço de misoginia, estava em sintonia com os resquícios do pensamento vitoriano do século passado e do começo deste. Ele sequer imaginava que, logo após a Segunda Guerra Mundial, marcando a virada desta metade do século XX, haveria a grande explosão dos movimentos de liberação feminina e a assunção da mulher de sua posição de igualdade e desafio ao poder masculino. A mudança do modelo econômico, também, teve grande influência, e a competitividade assumiu formas nunca antes vistas, estimulada desde o jardim de infância, impregnando nossos conceitos, estruturando nossos sentimentos e determinando nossas atitudes.

Vimos que o ciúme é normal, embora sempre tenha uma origem mais profunda, no inconsciente, e seus diferentes graus de manifestação dependem, em muito, da personalidade de quem o sente e também do grau de autoestima presente. E isso tudo é claramente dependente da forma como fomos criados e aprendemos o nosso comportamento.

Também pudemos perceber que, à medida que o ciúme representa uma reação irada e agressiva a uma perda efetiva ou ameaça de perda, quase sempre ele traz consigo um sentimento de humilhação, pela afronta que acarreta à nossa autoestima e à sensação de segurança que perdemos.

De qualquer forma, quer o aceitemos ou não como normal, ele carrega sempre um sinal de alerta, avisando-nos de que algo não está tão em ordem assim em nossa vida, seja no relacionamento que mantemos com as pessoas e os objetos, seja na relação que mantemos com nós mesmos.

O ciúme tem uma amplitude e uma profundidade que assinala, às vezes de forma bastante ruidosa, que algo precisa ser mais detalhadamente observado em nossos relacionamentos. Não admiti-lo é perder uma grande oportunidade para a reflexão e —, provavelmente, para a possível recuperação de um relacionamento que possa estar se esgotando, por conta de uma série de fatores, cujo principal deles, por mais paradoxal que possa parecer ao ciumento (devido à sua própria convicção de que sentir/demonstrar ciúme é estar zelando), é exatamente a falta de atenção para com o verdadeiro outro!

A questão do ciúme, em última análise, perde-se em uma intrincada rede derivada do desejo humano pelo controle absoluto, pela inalterabilidade das circunstâncias e pela infalibilidade do outro e de si mesmo.

Apesar de todo o conhecimento, de todo o nosso crescimento como seres humanos, ainda permanecemos perplexos diante das amplas possibilidades que a vida nos oferece. Os sistemas humanos, baseados em conceitos estáticos, ficam aterrorizados ante sua intrínseca incapacidade de imitar e sustentar o modelo onipresente, onisciente e onipotente de Deus.

Bibliografia

ALBERONI, F. *Enamoramento e amor*. Rio de Janeiro, Rocco, 1986.
ALLPORT, G. W. *Personalidades*. São Paulo, EPU/Edusp, 1973.
ALMEIDA, G. *Livro de horas de Sóror Dolorosa: a que morreu de amor*. São Paulo, Nacional, 1928.
ALVES, R. B.: *Ciúme e Crime, Crime e Loucura*. Rio de Janeiro, Editora Forense, 2001.
BARTHES, R. *Fragmentos de um discurso amoroso*. Rio de Janeiro, Francisco Alves, 1981.
BATESON, G. e cols. *Interación familiar.* Buenos Aires, Tiempo, 1974.
BAUMGART, H. *Jealousy: experiences and solutions*. Chicago, University of Chicago Press, 1990.
BÍBLIA SAGRADA. Edição Barsa, 1966.
BIEDER, J.; FOVET, A.; LABRE, M. C. *Un jaloux morbide à partager entre Clérembault, Freud, Adler et quelques autres*. Annales Medico-Psychologiques, 1985.
BOTURA JÚNIOR, W.: *Ciúme*. São Paulo, E. Roka, sem data.
BOWLBY, J. *Formação e rompimento dos laços afetivos*. São Paulo, Martins Fontes, 1982.
BRANDEN, N. *Autoestima e os seus seis pilares*. São Paulo, Saraiva, 1996.
BUBER, M. *Eu e tu*. São Paulo, Cortez & Moraes, 1979.
BUSTOS, D. M. *Perigo... Amor à vista!* São Paulo, Aleph, 1990.
CAMARÁ, R. *Instantes de reflexão: ciúme*. São Paulo, Melhoramentos, 1995.
CAMÕES, L. *Versos e alguma prosa de Luís de Camões*. Lisboa, Moraes Editora, 1977.
CAPRIO, F. S. *Ajuda-te pela psiquiatria*. São Paulo, Ibrasa, 1980.
CAVALCANTE, A. M. *O ciúme patológico*. Rio de Janeiro, Artes — Contos, 1994.
CHALLITA, M. *2 000 citações, anedotas e parábolas inesquecíveis*. Rio de Janeiro, Gibran, sem data.
CHEVALIER, J. & GHEERBRANT, A. *Dicionário de símbolos*. Rio de Janeiro, José Olympio, 1990.
CLANTON, G. & SMITH, Lynn, orgs. *Jealousy.* Boston, University Press of America, 1986.
COLASANTI, M. *E por falar em amor*. Rio de Janeiro, Rocco, 1985.
COSIA, M., org. *Vida a dois*. São Paulo, Siciliano, 1991.
CZECHOWSKY, N., org. *A fidelidade*. Porto Alegre, L&PM, 1992.
DICIONÁRIO AURÉLIO ELETRÔNICO. Rio de Janeiro, Nova Fronteira, sem data.
DILLON, I. *Exploring jealousy with your child*. Palo Alto, Enchanté, 1994.
FERREIRA-SANTOS, E. *Psicoterapia breve*. São Paulo, Ágora, 3ª edição, 1998.
FONSECA FILHO, J. S. *Psicodrama da loucura*. São Paulo, Ágora, 1980.
FORBES, J. *A mulher e o analista, fora da civilização*. Trabalho apresentado no Instituto de Psiquiatria do Hospital das Clínicas da FMUSP, 1996. Não editado.

FORDHAM, F. *Introdução à psicologia de Jung*. São Paulo, Verbo/Edusp, 1978.
FORWARD, S. & BUCK, C. *Obsessive love*. New York, Bantam, 1992.
FRELMAN, T. *Psychoanalytical aspects of morbid jealousy in women*. British Journal of Psychiatry, *156*: 68-72, 1990.
FREUD, A. *O ego e os mecanismos de defesa*. Rio de Janeiro, Civilização Brasileira, 1977.
FREUD, S. *Alguns mecanismos neuróticos no ciúme, na paranóia e no homossexualismo*. In: __ *Edição standard brasileira das obras psicológicas completas de Sigmund Freud*. Rio de Janeiro, Imago, 1976.
FRIDAY, N. *O ciúme*. Rio de Janeiro, Record, 1987.
FROMM, E. *A arte de amar*. Belo Horizonte, Itatiaia, sem data.
FRYLING, A. *Reshaping a jealous heart*. Downers Grove, Inter Varsity Press, 1994.
GAY, P. *A educação dos sentidos*. São Paulo, Companhia das Letras, 1988.
GOLDBERG, J. G. *The dark side of love*. New York, G.P. Putnam's Sons, 1994.
GOLEMAN, D. *Inteligência emocional*. Rio de Janeiro, Objetiva, 1996.
GONÇALVES, C.S., WOLF, J. R.; ALMEIDA, W. C. *Lições de psicodrama*. São Paulo, Ágora, 1988.
GREENSON, R. R. *Investigações em psicanálise*. Rio de Janeiro, Imago, 1982.
GRIMALDI, N. *O ciúme: estudo sobre o imaginário proustiano*. São Paulo, Paz e Terra, 1994.
GUERRERO, L. K. et alli. *Coping with the green-eyed monster: conceptualizing and measuring comunicative responses*. Western Journal of Communication, *59:* 270, 1995.
HAUCK, P. A. *Overcoming jealousy, and possessiveness*. Philadelphia, Westminster, 1981.
JONG, E.: *Medo de voar*. São Paulo, Nova Cultural, 1986.
KIERKEGAARD, S. *O conceito de angústia*. São Paulo, Hemus, 1968.
KLEIN, M. *Inveja e gratidão*. Rio de Janeiro, Imago, 1991.
_____ & Riviere, J. *Amor, ódio e reparação*. Rio de Janeiro, Imago, 1975.
KRAMER, P. D. *Ouvindo o Prozac*. Rio de Janeiro, Record, 1994.
KRECH, D. & CRUTCHFIELD, R. *S. Elementos de psicologia*. São Paulo, Pioneira 1971.
KUNDERA, M. *A insustentável leveza do ser*. Rio de Janeiro, Record, 1995.
LAING, R. D. *O eu e os outros*. Petrópolis, Vozes, 1972.
LEE, S. *Liberal rights or/and Confucian virtues?* Philosophy East & West, University of Hawaii Press, 1996. p. 367.
MACHADO DE ASSIS, J. M. *Dom Casmurro*. São Paulo, Círculo do Livro, 1995.
MALCOLM, J. *Psicanálise: a profissão impossível*. Rio de Janeiro, Zahar, 1983.
MITOLOGIA, São Paulo, Abril Cultural, 1976.
MORENO, J. L. *Psicodrama. São* Paulo, Cultrix, 1978.
MULLEN, P. E. *Jealousy: the pathology of passion*. British Journal of Psychiatry, 158: 593-601, 1991.
MUSZKAT, M. & SEABRA, Z. *Identidade feminina*. Petrópolis, Vozes, 1985.
MYRA Y Lopes, E. *Os quatro gigantes da alma*. Rio de Janeiro, José Olympio, 1988.

NAGERA, H. *Metapsicologia, conflitos, ansiedade e outros lemas.* São Paulo, Cultrix, 1981.
NEILL, A. S. *Liberdade sem medo (Summerhill).* São Paulo, Ibrasa, 1980.
NOBRE DE MELO, A. L. *Psiquiatria.* Rio de Janeiro, Civilização Brasileira/Fename, 1979.
OVÍDIO. *A arte de amar.* São Paulo, Circulo do Livro, sem data.
PAYTON, L. *Foundations.* Em publicação pela Pyramid, TLC: comunicado pessoal da autora via Internet, 1996.
REICH, W. & ALZON, C. *Casamento indissolúvel ou relação sexual duradoura.* São Paulo, Martins Fontes, s. d.
RENAUD, B. *Je suis un Dieu jaloux.* Paris, 1963.
RINNE, O. *Medeia: o direito à ira e ao ciúme.* São Paulo, Cultrix, sem data.
ROBBE-GRILLET, A. *La jalousie.* Paris, Les Editions de Minuit, 1957.
RODRIGUES, N. *Teatro completo de Nelson Rodrigues.* Rio de Janeiro, Nova Fronteira, 1996.
SEIDENBERG, R. *Fidelity and jealousy.* In: *Clanton, G. & Smith, L.G., eds. Jealousy.* Englewood Cliffs, Prentice-Hall, 1977.
SHAINESS, N. *Doce sofrimento.* São Paulo, Melhoramentos, 1987.
SHAKESPEARE, W. *Otelo, o mouro de Veneza.* São Paulo, Abril, 1981.
SICUTERI, R. *Lilith, a Lua Negra.* São Paulo, Paz e Terra, 1985.
SILVEIRA, N. *Jung — Vida e obra.* Rio de Janeiro, Paz e Terra, 1981.
SLOMIAK, M. *Coping with jealousy.* Internet. Loving More Magazine, Summer, 1995.
SOUTER, K. *Not just a room with a bath.* Essex, C.W. Daniel Company, 1995.
SPITZ, R. A. *El primer año de vida del niño.* Madrid, Aguilar, 1978.
VISCOTT, D. *A linguagem dos sentimentos.* São Paulo, Summus, 1982.
WILKINSON, B, *Coping with jealously.* New York, Rosen Publishing, 1992.

Anexo

Você é ciumento(a)? De que tipo?

Válido para homens e mulheres, o teste a seguir lhe possibilitará descobrir em que grau você se situa no "grupo dos ciumentos".

Pegue papel e caneta, e responda às questões, anotando a alternativa que mais se aproxima de sua possível reação frente a situações pelas quais você já passou. Confira o resultado no final do teste:

1) **Sua(seu) parceira(o) esquece o telefone celular com você. O que você faz?**
   A) Guarda para ela(e), esperando tranquilamente a primeira oportunidade para avisá-la(o) do esquecimento.
   B) Passa pela sua cabeça mexer no aparelho com o objetivo de tentar descobrir para quem ou de quem ela(e) recebeu ligações. Mas você abandona essa ideia por considerá-la muito invasiva e esquece o assunto.
   C) Vasculha todas as opções do telefone, procurando por nomes de pessoas que possam ser "suspeitas", e, se encontra alguém que você não conhece, fica aflito(a) imaginando ser um(a) possível paquera.
   D) Mexe sem parar no telefone até encontrar o nome de alguém que você não conhece ou que imagina ser capaz de paquerar sua(seu) parceira(o) e, na sequência, passa a ter certeza de que eles têm um caso.

2) **Num restaurante ou num bar, sua(seu) parceira(o) pede licença para "ir ao banheiro". Você:**
   A) Observa se, no caminho até o banheiro, alguém a(o) aborda ou incomoda, tranquilizando-se ao ver que nada acontece, mesmo perdendo-a(o) de vista.
   B) Fica observando e, caso ela(e) pare para conversar com alguém, você sente uma "fisgada no estômago", mas fica na sua e espera a volta dela(e) e pergunta, numa boa, quem era a pessoa.
   C) Fica vigiando se ela(e) está olhando para os lados e, caso encontre e pare para falar com alguém, pensa que é uma "paquera", ocasião em que você já se prepara para ir "tirar satisfações".
   D) Acredita que ela(e) está mentindo pra você e que a ida ao banheiro foi só um pretexto para se encontrar com outro(a).

3) **Sua(seu) parceira(o) comunica que terá de viajar a negócios por dois ou mais dias:**
   A) Você pergunta se ela(e) precisa de alguma ajuda sua, deseja-lhe boa viagem e boa sorte nos contatos.
   B) Sente certo desconforto e pede mais detalhes da viagem. Quer saber com quem vai viajar, com quem vai se encontrar lá, onde vai ficar hospedada(o), qual o telefone de lá.
   C) Você se sente ameaçado(a) com a possibilidade de ela(e) encontrar na viagem alguém que possa vir a abalar a relação de vocês e pensa "é... a ocasião faz o ladrão".
   D) Você acha que ela(e) está mentindo: ou está usando a viagem como pretexto ou marcou com alguém de se encontrar por lá.

4) Quando sua(seu) parceira(o) volta de viagem, você reage da seguinte maneira:
   A) Recebe-a(o) bem e pergunta como foi, com atitudes carinhosas, realmente curioso(a) sobre o acontecido, vibrando com o sucesso e se entristecendo com o fracasso.
   B) Recebe-a(o) bem, mas quer saber o que aconteceu por lá. Com quem esteve, onde foi, como eram as pessoas, passa levemente por sua cabeça se ela(e) conheceu alguém "muito interessante" e até brinca com este pensamento.
   C) Recebe-a(o) desconfiado(a). Quer checar evidências de ter havido ou não traição. Fuça os bolsos, checa os recados do celular, desarruma a mala e faz uma série de perguntas
   D) Recebe-a(o) com agressividade. Faz acusações, ameaças e não acredita no que ela(e) está dizendo.

5) Ao passear/fazer compras com sua(seu) parceira(o) no shopping center:
   A) Você caminha espontaneamente e chama a atenção dela(e) para lojas de que ela(e) gosta e a(o) apoia caso queira fazer alguma compra.
   B) Ao entrar em uma loja, com um(a) vendedor(a) atraente, você presta mais atenção na maneira como conversam do que na compra em si.
   C) Nem entra em uma loja onde perceba que tem alguém atraente. Procura outro caminho e fica "emburrado(a)".
   D) Você anda o tempo todo desconfiado de que sua(seu) parceiro está olhando e sendo olhado por todo mundo que passa e mantém o seu próprio olhar "pulando de um lado para outro", desconfiando de todo mundo.

6) **Em um evento, sua(seu) parceira(o) e você veem um(a) ex-namorado(a) dela(e):**
   A) Você assinala a presença e reage naturalmente a uma eventual conversa de ambos.
   B) Você não fica indiferente à presença e chama a atenção de sua(seu) parceira(o) para você.
   C) Você fica perturbado(a), quer ir embora ou cria situação de confronto, com a(o) parceira(o) ou com o(a) ex, podendo chegar ao extremo de "armar o barraco".
   D) Você fica transtornado(a). Imagina que exista uma trama entre eles e pode ter atitudes destemperadas, como agressões verbais ou físicas.

7) **Você entra em um aposento e sua(seu) parceira(o) está desligando o telefone:**
   A) Você simplesmente pergunta quem era.
   B) Você pergunta quem era em um tom especulativo e quer saber o teor da conversa.
   C) Na primeira oportunidade, você vai checar com quem estava falando ("rediscando" o telefone, por exemplo), independente da resposta dada.
   D) Você tem certeza que ela(e) desligou porque estava conversando com alguém com quem "tem um caso".

8) **Sua(seu) parceira(o) tem um encontro habitual com amigos do mesmo sexo, o que, obviamente, não o(a) inclui. Saem para divertir-se, "jogar conversa fora", tomar um "chopinho", para um "joguinho de futebol"...**
   A) Você a(o) incentiva e acha natural que tenha o espaço dela(e); afinal você também tem esse hábito.

B) Considera natural, desde que saiba com quem vai sair, aonde vai e como pode localizá-la(o).
C) Você não gosta dessa prática, mas se vê obrigado a aceitá-la. Controla o horário da chegada e liga durante o encontro no celular para se certificar de que sua(seu) parceira(o) está mesmo com os amigos. No limite, chega, de surpresa no local, para uma "blitz".
D) Não admite a prática e é capaz de atos extremos para impedi-la(o) de sair, acusando-a(o) de estar saindo para se encontrar com o(a) outro(a).

9) **Sua(seu) parceira(o) se atrasa para voltar para casa ou para um encontro com você:**
A) Você se preocupa e pensa que algo desconfortável possa ter acontecido. Quando ela(e) chega, sente alívio.
B) Você se preocupa. Passa pela cabeça desde que possa ter ocorrido um transtorno, até uma leve desconfiança de que algo ameaçador para a relação possa estar acontecendo. Quando ela(e) chega, você pede para explicar e acredita no que ela(e) diz.
C) Fica com raiva e imagina que ela(e) está se divertindo em algum canto com uma pessoa que ofereça perigo à relação de vocês. Recebe-a(o) de maneira áspera e desconfiada.
D) Tem certeza de que está sendo traído(a) e o(a) recebe de maneira extremamente agressiva.

10) **Sua(seu) parceira(o) começa, paulatinamente, a fazer elogios frequentes a um(a) novo(a) colega de trabalho:**
A) Você fica atento(a), procura conhecer essa pessoa e questiona, de maneira franca, sua(seu)

parceira(o) tentando entender o que a(o) fascina nessa pessoa.

B) Você logo imagina que essa nova pessoa é um(a) possível concorrente, trata logo de se apresentar a ela, procura detalhes que possam diminuir seu brilhantismo e, sempre que pode, os menciona.

C) Deduz rapidamente que é óbvio que sua(seu) parceira(o) já está seduzida(o) por aquele "Don Juan de araque" (ou aquela "sirigaita") e parte para o confronto direto, chegando a ligar para o escritório e perguntar o que ele(a) quer com sua(seu) parceira(o).

D) Conclui que, se ela(e) está falando muito do(a) outro(a) é porque eles já têm um caso há muito tempo. Como consequência, entra em depressão ou o agride física ou verbalmente na primeira oportunidade.

11) **Por um acaso qualquer, você passa pelo escritório de sua(seu) parceira(o) e ela(e) ainda não chegou do almoço. Enquanto você a(o) espera, toca o telefone, você o atende, e uma pessoa (do outro sexo) procura por ela(e) sem se identificar, desligando quando você insiste em saber quem era:**

A) Quando sua(seu) parceira(o) chega, você a(o) recebe normalmente, conta que estava de passagem e simplesmente relata que atendeu àquele telefonema.

B) Assim que sua(seu) parceira(o) chega, você finge que está "tudo bem", espera ela(e) contar sobre o almoço e lhe pergunta, "como quem não quer nada" se ela(e) tem recebido telefonemas de alguém que não possa se identificar claramente.

C) Você não consegue disfarçar sua inquietação e, assim que ela(e) chega, vai logo perguntando quem é que tem ligado para ela(e) "às escondidas" no escritório e fica esperando para ver se ela(e) fica embaraçada(o) ou se atrapalha nas respostas para "cair de pau" em cima dela(e)

D) Você a(o) recebe irado(a), afirmando que atendeu um telefonema do(a) amante dela(e) e que não adianta mais ela(e) disfarçar porque, agora, você sabe de tudo.

12) **Sua(seu) parceira(o) guarda fotos e cartas de antigos(as) namorados(as):**

A) Você acha isso natural, pois faz parte da história dela(e) e nem se lembra deste fato.

B) Você concorda que "todo mundo tem uma história", mas toda vez que abre a porta do armário onde estão guardadas aquelas "relíquias do passado", sente um certo desconforto.

C) Você não admite que ela(e) tenha aquelas "lembranças" guardadas, e, por conta disso, começa a brigar e exige, "como prova de amor por você", que ela(e) as destrua.

D) Se ela(e) ainda guarda estas fotos e cartas é porque ainda tem "alguma coisa a ver" com estas pessoas e, na primeira oportunidade, você mesmo(a) destrói tudo o que ela(e) tinha guardado.

13) **Você conhece bem a história pregressa de sua(seu) parceira(o) e sabe que ela(e) teve alguns ou vários relacionamentos anteriores:**

A) Você encara isso com naturalidade, pois reconhece que "o que passou, passou" e que "o importan-

te não é ser o primeiro, mas ser o último" (de verdade!).
B) Você não se sente confortável com esse passado, evita falar nele e se, eventualmente, algum assunto sobre isso vem à tona você não gosta.
C) Você se sente bastante incomodado(a) com esse passado, insiste em saber detalhes e, depois, fica "remoendo" ao imaginar cenas "torturantes de amor e sexo" entre sua(seu) parceira(o) e antigos(as) companheiros(as).
D) Você acaba não suportando a ideia de que sua(seu) parceira(o) tenha tido outros envolvimentos afetivo-sexuais anteriormente e isso é motivo para romper o relacionamento.

14) Chega o Natal ou outra data importante e, tanto sua família de origem quanto a dela(e) farão um jantar especial neste dia, no mesmo horário:
A) Você conversa bastante com ela(e) sobre isso e chegam a um consenso sobre qual a melhor atitude a tomar, ponderando os prós e os contras de irem juntos a um ou outro evento ou mesmo de irem cada um para o seu, sem nenhum problema.
B) Você fica bastante incomodado(a) com essa situação e resolve, dividir o tempo entre um e outro evento, não ficando, de verdade, em nenhum deles, mesmo tendo que enfrentar "a ira da sogra e da sua mãe", para não se sentir "excluído(a)".
C) Você não aceita, em hipótese alguma, discutir o assunto e diz que desde que ela(e) o(a) escolheu para companheiro(a), não há mais nada que o(a) obrigue a obedecer às "imposições de sua mãe" e

que vocês vão passar juntos e sozinhos de qualquer maneira. Ante a recusa dela(e) chega a ameaçar: "Você tem que decidir, de uma vez por todas, entre ela ou eu!"
D) Você liga para sua sogra e lhe diz "meia dúzia de verdades", falando que ela faz isso de propósito só para criar caso e acaba brigando feio com ela e com sua(seu) parceira(o).

15) **Acaba de nascer o primeiro filho do casal e você percebe sua(seu) parceira(o) dando muito mais atenção ao bebezinho do que a você:**
A) Você acha que é assim mesmo, pois, afinal, você mesmo(a) está encantado(a) com o novo ser e acredita que em breve tudo voltará ao normal.
B) Logo após os primeiros dias de encantamento, você fica incomodado(a) com a atenção demasiada que sua(seu) companheira(o) dá ao bebê e fala com ela(e) sobre isso.
C) Você acha que sua(seu) parceira(o) está exagerando ao dar tanta atenção assim ao bebê e começa a "chantagear" para chamar a atenção para você.
D) Você não suporta que ela(e) esteja dedicando-se assim tão intensamente ao bebê e percebe que foi usado(a) apenas como uma "fábrica" para que ela(e) satisfizesse o desejo de ter um filho e que, agora, ela(e) não quer mais saber de você, pois não precisa mais!

16) **Um casal de primos, por parte de sua(seu) parceira(o), acaba de ter um bebê e convida apenas ela(e) para ser madrinha(padrinho), formando par**

com outro(a) primo(a), que já foi namorado(a) de sua(seu) parceira(o):

A) Você não acha isso elegante, conversa com sua(seu) parceira(o) sobre o fato, mas entende que a relação dos primos é mais forte, antiga, e a respeita.

B) Você acha isso uma "falta de educação", fica ressentido(a) por ter sido excluído(a), manifesta para sua(seu) parceira(o) seu descontentamento, mas não deixa de ir ao batizado nem rompe a amizade com os tais primos.

C) Você acha isso simplesmente um "absurdo", não admite que sua(seu) parceira(o) aceite o convite, briga com ela(e) por ter cogitado essa ideia e rompe com os primos.

D) Agora você teve a prova definitiva de que a família dela(e) não gosta mesmo de você e quer vê-lo(a) afastado(a) de tudo, considerando que essa "história" de convidar os dois para serem padrinhos é apenas mais um ardil para que eles fiquem juntos, pois nunca deixaram de se gostar.

17) Você percebe que sua(seu) parceira(o) está recebendo um tratamento "algo diferenciado" por parte do(a) chefe dela(e):

A) Você não deixa de notar isso e comentar com sua(seu) parceira(o), mas confia nela(e) e acredita que tal tratamento poderá beneficiá-la(o) no trabalho.

B) Sente-se incomodado(a), mas tenta "segurar a onda", apenas comentando o fato com sua(seu) parceira(o) e deixando claro que você está percebendo este fato.

C) Você não aguenta isso e não consegue tirar da cabeça que, mais cedo ou mais tarde, sua(seu) parceira(o) vai cair na do(a) chefe e ter um caso com ele(ela); passa, então, a ter constantes brigas em razão disso.

D) Você conclui que, se há esse "tratamento diferenciado" é porque já existe uma intimidade entre os dois e não há dúvidas de que eles estão tendo "um caso".

18) **Sua (seu) parceira(o) é leitor habitual ou até mesmo assinante de "revistas eróticas":**

A) Você acha curioso que ela(e) tenha este hábito, mas entende isso com naturalidade e até compartilha da leitura e comentários sobre o conteúdo das revistas.

B) Você sente que "não dá mesmo pra competir" com aqueles(as) modelos de corpos esculturais e procura se aprimorar fisicamente e/ou até brinca com este fato.

C) Você acha isso "um absurdo" e não suporta que ela(e) veja estas fotos, pois isso é uma ofensa a você: proíbe-a(o) de ter aquelas revistas.

D) Você se sente verdadeiramente traído(a) por sua(seu) parceira(o) e acredita que ela(e) tem este hábito como pretexto para procurar outras pessoas como se estas revistas fossem um "Catálogo de garotos(as) de programa".

19) **Sua(seu) parceira(o) deixa cair um papel da carteira e, ao pegá-lo do chão, você encontra um cartão de visitas de uma pessoa do sexo oposto:**

A) Você pergunta quem é a pessoa, aceita naturalmente a resposta e esquece o assunto.

B) Você imagina que o cartão possa ser de um(a) paquera, questiona sua(seu) parceira(o), mas aceita a explicação de que se trata de alguém relacionado à atividade profissional dela(e).
C) Você fica "com a pulga atrás da orelha" e não aceita as explicações dela(e), briga por causa disso e chega até a ligar para a pessoa do cartão para saber o que ela quer com sua(seu) parceira(o).
D) Ah!!! Finalmente você encontrou a prova definitiva de que sua(seu) parceira(o) está traindo você e não há argumento que o(a) faça pensar o contrário.

20) Você recebe uma carta anônima de "um(a) amigo(a)", "revelando" que sua(seu) parceira(o) tem um caso com alguém:
A) Você mostra a carta para ela(e) e acredita nas explicações dela(e) de que se trata de alguém querendo desestabilizar a relação de vocês e ambos se comprometem a tentar descobrir quem fez isso, mas não se dão ao trabalho de mudar a rotina de vocês.
B) Você fica "chocado(a)" com o fato, tenta encontrar motivos para que pudesse haver a traição e conversa com sua(seu) parceira(o) sobre a carta, procurando entender o que isso significa, de verdade.
C) Você quase tem um "colapso nervoso" e, na primeira oportunidade, "esfrega a carta na cara dela(e)" exigindo explicações e insistindo em querer saber quem é "este cafajeste" (ou "esta sirigaita") para quem ela(e), no mínimo, anda dando bola, havendo, portanto, motivos para alguém escrever aquela carta.
D) Agora sim, você tem a prova absoluta da traição dela(e) e não quer mais nem conversar sobre isso.

Parte para a agressão física e verbal e, igualmente, para o rompimento da relação, sem dar nenhum ouvido às explicações que ela(e) possa fornecer.

Respostas

Através de situações do cotidiano, o teste realizado mostra como o ciúme pode se manifestar e visa, sobretudo, dar uma dimensão exata da qualidade deste sentimento com base numa classificação criada pelo autor que distingue quatro formas de se reagir "ao medo da perda". A partir de suas respostas, veja em que "tipologia do ciúme" você estaria enquadrado(a):

♥ Se a maioria das respostas for A, você é do tipo **ZELOSO**, que manifesta um sentimento saudável, normal, de verdadeiro *zelo*, *cuidado*, que está intimamente relacionado ao *amor*, uma vez que é um sentimento altruísta, isto é, voltado para o outro, para o seu bem-estar, para a sua felicidade. Exige, muitas vezes, como no verdadeiro amor, um ato extremamente difícil que é *renúncia* de seu próprio desejo em benefício do outro. É também uma situação de real preocupação com o ser amado.

♥ Se a maioria das respostas for B, você está na faixa da normalidade (isto é, o que a maioria das pessoas sentiria ou faria nestas situações). É, portanto, do tipo **ENCIUMADO**, no qual o ciúme se manifesta de maneira transitória, surgindo quando há uma ameaça *real* à relação e coloca a pessoa em estado de alerta e "competição" com um terceiro. Embora bastante comum, revela, bem no íntimo, que, pelo menos naquele momento, alguma fraqueza, algum "complexo de inferioridade" ou, mesmo, um sentimento real de inferioridade possa estar aflorando e deixa à mostra um ponto da personalidade do enciumado que merece ser, se não cuidado, talvez "trabalhado" melhor.

♥ Se a maioria das respostas for C, você enquadra-se no tipo **CIUMENTO**: este estado independe de haver ou não evidência da ameaça e tem como base, exclusivamente, a *fantasia*, o medo muitas vezes infundado de ser traído ou trocado por outro. É diferente do zelo, pois é um sentimento *egoísta*, voltado para si mesmo, isto é, o "foco" do ciumento é seu "amor-próprio", sua insegurança, suas dificuldades e a necessidade de manter o outro sob seu controle. Muitas vezes, dependendo da forma como se manifesta (violenta, extravagante, raivosa) pode ter como base um transtorno até mesmo de base neurótica.

♥ Se a maioria das respostas for D, procure imediatamente ajuda especializada. Neste caso, que compreende o tipo **PARANOICO**, há, sem dúvida, um grave distúrbio psiquiátrico que transforma a fantasia em suposta realidade, sem nenhum dado de evidência, ou simplesmente distorcendo toda a realidade. Pertence efetivamente ao campo da psicopatologia e está frequentemente associado ao uso abusivo de drogas, como o álcool e a cocaína, ou a demências originadas de doenças neurológicas graves, como o Parkinson e o Alzheimer, entre outras. Exige um tratamento psicoterápico e medicamentoso urgente.

Contatos com o autor:
e-mail: efsantos@hcnet.usp.br
Home Page: www.ferreira-santos.med.br

Impressão e Acabamento